# 柳永词赏读

刘占召　张海凤 ◎ 著

唐宋名家诗词赏读　李永田　董希平 ◎ 主编

线装書局

# 柳永词赏读

刘占召　张海凤 ◎ 著

## 唐宋名家诗词赏读

李永田　董希平 ◎ 主编

线装书局

**图书在版编目（CIP）数据**

柳永词赏读／刘占召，张海凤著．—北京：线装书局，2007.2
（唐宋名家诗词赏读）
ISBN 978-7-80106-455-4

Ⅰ.柳…　Ⅱ.①刘…　②张…　Ⅲ.柳永（？～约1053）—宋词—
文学欣赏　Ⅳ.I207.23

中国版本图书馆 CIP 数据核字（2007）第 021001 号

责任编辑：于建平
封面设计：亿点印象工作室
版式设计：天则图书
出版发行：线装书局
　　　　地　　址：北京西城区鼓楼西大街 41 号（100009）
　　　　电　　话：010-64045283
　　　　网　　址：www.xzhbc.com
经　　销：新华书店
印　　刷：香河闻泰印刷包装有限公司
开　　本：590mm × 960mm　1/16
印　　张：13.25
字　　数：136 千字
版　　次：2007 年 4 月第 1 版　　2007 年 4 月第 1 次印刷
定　　价：240.00 元（全套十二册）

# 唐宋名家诗词赏读

主编：李永田　董希平

副主编：胡璟　赵亚丽　贺颖莉

# 序 言

中国是诗的国度，古典诗词是中国传统文学的精髓，是中国传统文化的重要一支。

对于传统的中国精英阶层，诗词创作是他们自识字就开始的人生必修课。他们自然而然地浸润其中，如同日常饮食。

古来圣贤无不善于此道。浩如烟海的中国古典诗词，既蕴涵着前贤丰富的人生经验，也浓缩着先人深邃的人生体悟："何意百炼钢，化为绕指柔"，显示出晋人刘琨对于更高层次人生境界的向往；"今人不见古时月，今月曾经照古人。古人今人若流水，共看明月皆如此"，透露出唐人李白对于人生流程奥秘的领会；"粗缯大布裹生涯，腹有诗书气自华"，是宋人苏轼对于丰厚学识的自信；"人生若只如初见，何事秋风悲画扇"，是清人纳兰性德对于世情多变的无奈……很多诗词是在特定的历史背景、诗人独特的遭际下写就的，它们不仅记录了当时历史背景、诗人的遭遇和情感，有很多还涉及更久远的历史典故、神话传说等。因而在诗词中，历史鲜活了起来，诗人的人生鲜活了起来。古典诗词以其深刻的思想、精练的语言往往成为孩童习字诵读的传统教材，即使在科技高度发达的今天，中小学语文教材中古典诗词也占有相当的比重。

诗词是华美的，以致历经久远，仍被我们反复玩味，这也是诗词的重要价值之一。而造成这种美的因素很多，其中诗人的真诚占了重要的份额。他们浓缩了深邃的体悟，用一生的执著写就了这美的诗章，诗人的生命之花绽放其中，可谓至诚。唯其如此，才流传千载而不昧，时时触动我们的心弦。

一卷古诗词在手，即可与千载之上的古人进行跨时空的心灵的沟通和对话，分享他们的人生智慧与人生经验，体味着"悠然心会，妙处难与君说"的境界。这种浸润心灵的阅读，对于忙忙碌碌的现代人而言，应该也算得上一种"精神的化妆"，或者"心灵的美容"吧。这在"快餐文化"大行其道的今天，更有其特殊的意义。

本丛书分别从李白、杜甫、白居易、李商隐、杜牧、李煜、柳永、苏轼、李清照、辛弃疾共十位唐宋诗词名家的作品中，遴选其优秀者以成十部专辑。另外广泛撷取唐宋诗词名家精华之篇汇成两本合辑，一为《唐代诗人名家名作赏读》，一为《唐宋词人名家名作赏读》，一并呈献给读者。十位大家在唐宋两代诗词领域中，已经具备了较强的代表性，再加上两本合辑尽搜名家名作，故本丛书足具唐宋诗词之大致面貌，观止矣。

本丛书特邀各高校学有专精的具有博士、硕士学位的学者，精心编选。其中的注释力求详备准确，赏析文字力求流畅感人，雅俗共赏，其字里行间也渗透着编著者自己的研读心得和人生体验。因此，个中偏颇之见难以避免，所谓"见仁见智"是也。我们的初衷之一也正是在于抛砖引玉。

是为序。

董希平

# 目 次

1

3

# 柳永其人其词

## 困顿失落的一生

柳永是北宋前期最有影响的词作家，也是中国词史上第一个专业词人，在词史上有着重要的地位。

柳永的生卒年很难确定（一说980～1053，又说约为987～1055，又说1004～1054），原名三变，字景庄，后改名永，字耆卿。大约是中年以后改名，可能是因为身体多病的缘故，永即永年，耆即耆老，希望改名后得以长寿。柳永排行第七，故人称"柳七"。祖籍河东（今山西永济），后徙居崇安（今福建崇安）。祖父柳崇，以儒学名。父柳宜，曾仕南唐，为监察御史，入宋后授沂州费县令等，后为国子博士，官终工部侍郎。柳永兄弟三人：柳三复、柳三接与柳三变，时人称"柳氏三绝"。

柳永主要活跃于宋仁宗时期。少年时期曾随父一度生活在汴京，过着歌舞寻欢的浪漫生活。他在《戚氏》中回忆说："帝里风光好，当年少日，暮宴朝欢。况有狂朋怪侣，遇当歌、对酒竞留连。"仁宗即位后柳永曾来汴京应试。待试期间，多与下层歌伎乐工交往，叶梦得《避暑录话》卷下说柳永："为举子时，多游狎邪，善为歌词。教坊乐工，每得新腔，必求永为辞，始行于世，于是声传一时。"传说，这种放浪不羁的生活给他的仕宦生涯带来了不良影响。胡仔《苕溪渔隐丛话》卷二引《艺苑雌黄》说：

> 柳永喜作小词，然薄于操行。当时有人向仁宗推荐，上曰："得非填词柳三变乎？"曰："然。"上曰："且去填词。"由是不得志。日与俍子纵游倡馆酒楼间，无复检约，自称云："奉圣旨填词柳三变。"

吴曾《能改斋漫录》卷十六有类似的记载：

> 仁宗留意儒雅，务本理道，深斥浮艳虚薄之文。初，进士柳三变好为淫冶讴歌之曲，传播四方，尝有《鹤冲天》词云："忍把浮名，换了浅斟低唱。"及临轩放榜，特落之曰："且去'浅斟低唱'，何要'浮名'？"景祐元年方及第。后改名永，方得磨勘转官。

这两段话中有许多道听途说之言，不可尽信。然而，柳永确实在《鹤冲天》中说："黄金榜上，偶失龙头望。"因此，柳永一定是考举数次以后才进士及第的，应考期间有过一段蹉跎艰难的时光。

风流不羁的生活导致柳永科场的失意，而科考无望又使得柳永更加变本加厉地投入到放纵的生活之中去，他整日混迹于歌楼妓馆。他的许许多多脍炙人口、传播广泛的俗艳词曲，既为他博得词坛声望，也为他换取了"薄于操行"的名声。在"留意儒雅，务本理道"的仁宗时代，他是为当时的正统士人所不齿的。及第前，他还曾游历过成都、京兆、遍历荆湖、吴越。及第后，历任睦州团练推官、余杭令、定海晓峰盐场盐官、泗州判官、太常博士，官终屯田员外郎，世称"柳屯田"。如果做一个大致推测，柳永进士及第时大约已将近五十岁，所以，在仕途上已经不可能得意，他只能在困顿蹉跎中走完他艰难的余生。张舜民《画墁录》卷一记载说：柳三变既以词忤仁庙，吏部不放改官，三变不能堪，诣政府，晏公（晏殊）曰："贤俊作曲子么？"三变曰："只如相公亦作曲子。"公曰："殊虽作曲子，不曾道'彩线慵拈伴伊坐'。"柳遂退。那么，柳永创制的俗艳词曲，不仅仅遭到了皇帝的摒斥，也不为身居要职的文坛领袖人物所喜欢。在北宋时期，柳永词招来的几乎是一片斥责声。这一切决定了柳永即使是考取进士，也只能沉抑下僚。据说，最终柳永病殁于润州（今江苏镇江），寄柩僧寺。二十余年后才由王安礼出资葬于北固山。

柳永"亦善为他文辞"（《避暑录话》卷下），"为文甚多，皆不传于世"（《清波杂志》卷八）。《古文真宝》录其《劝学文》一篇，并有诗一首传世。《乐章集》存词二百一十三首。

## 柳永词的内容

首先,柳永写得最被人称道的是反映羁旅行役的词篇。宋人陈振孙《直斋书录解题》说他的词"尤工于羁旅行役"。这些词往往和风景描写、恋情相思交织在一起,具有很强的艺术魅力。由于柳永仕途失意,四处漂泊,水陆兼程,足迹遍及大江南北,加上柳永出色的艺术表现才能,所以,他笔下的祖国山川写得真切优美,离愁别恨也更加表现得生动感人。同时,柳永又在各地出入歌楼妓馆,纵情声色,失意时将情感转向"同是天涯沦落人"的歌伎。柳永的每一次被迫登程,既体味着旅途的劳苦、孤单、凄凉,又反复地体验离别的痛苦,他在旅途中因此有了缠绵不断的恋情相思。两方面结合,使柳永的羁旅词独标一格。他这种有切身体验的直抒胸臆的作品就胜过以往旁观者对香闺弱质风态的描摹。如《雨霖铃》、《夜半乐》、《戚氏》、《倾杯》、《玉蝴蝶》、《轮台子》、《安公子》、《满江红》等。

以《夜半乐》为例:

**冻云黯淡天气,扁舟一叶,乘兴离江渚。渡万壑千岩,越溪深处。怒涛渐息,樵风乍起,更闻商旅相呼。片帆高举。泛画鹢、翩翩过南浦。**

**望中酒旆闪闪,一簇烟村,数行霜树。残日下,渔人鸣榔归去。败荷零落,衰杨掩映。岸边两两三三,浣纱游女。避行客、含羞相笑语。**

**到此因念,绣阁轻抛,浪萍难驻。叹后约丁宁竟何据。惨离怀,空恨岁晚归期阻。凝泪眼、杳杳神京路,断鸿声远长天暮。**

全词集中描写羁旅漂泊的所历所见和自身的凄苦心境。词分三片,各片之间有着明显的分工。第一片写途中的经历。起笔写"冻云黯淡"之天气恶劣,衬托心情的压抑。在这样的季节气候中起程,谁又能有好心情?"渡万壑千岩"后,忽又出现"越溪深处"的清幽景象。词人仿佛要借浏览沿途风光来排遣愁苦意绪。在此心境下,画面逐渐走向欢闹,"商旅相呼",画船往来,水面上呈现出一番熙熙攘攘的景色。第二片写途中之所见。先勾勒远景:酒旆闪闪,一簇烟村,数行霜树;再涂抹近景:渔人鸣榔,游女浣纱,败荷零落。这画面逼真，有远有近，色彩分明，有色有声，并且全由"望中"二字串起，"渔人鸣榔"、"浣纱游女"数语，尤为生动，在宋词中很难寻找出这么传神的风俗画面了。第三片写去国离乡的感叹。词人见此种种景物，不但没有摆脱愁苦的缠绕，反而牵引出更多的感伤意绪：他初念抛家漂泊，与佳人轻言离别，以致眼前"浪萍难驻"，且"后约"无凭，"归期"遥远，岁暮而滞留他乡。结尾"断鸿声远长天暮"，词人回京的希望不知哪一天才能实现？这首词成功地烘托出词人凄苦难遣的离愁别恨。

羁旅离愁在柳永笔下是多种多样的。旅途中有太多的孤寂和疲倦，尤其是到暮色苍茫的时候，行人更加急于寻找住处，以图歇息，《安公子》说："望处旷野沉沉，暮云黯黯，行侵夜色，又是急桨投村店。认去程将近，舟子相呼，遥指渔灯一点。"红日西下，暮烟升起，夜色降临之际，长途远航的征帆急于寻找一个暂时停棹、可以栖身的渡口。"又是急桨投村店"一句，通过动作和桨声，把舟子与游子的焦急心情写得如此亲切。下面笔锋一转，既然认定很快便可以找到投宿之处，人们的焦急心情便开始缓和下来了。舟子们相互安慰，相互打招呼，并且举起摇桨的手，指着远处一点渔灯，脸上不由得露出欣喜的笑容。那"渔灯一点"，给游人舟子带来的不仅是光明，而且还有温暖和希望。如果没有长时期羁旅漂泊的生活体验，写不出如此形象生动的作品。

词人不仅把水路上的经历描绘得历历如画，陆路上的旅行，他也能写得栩栩如生。如《满江红》："匹马驱驱，摇征辔，溪边谷畔，望斜日西照，渐沉山半。两两栖禽归去急，对人相并声相唤。似笑我、独自向长途，离魂乱。""匹马"与"两两栖禽"相互映衬，更加显示出游子的孤寂。

柳永的羁旅行役词，大多数都与作者身世沦落和功名失意联系在一起，失意的牢骚在这些羁旅词中同样随处可见。如《满江红》说："游宦区区成底事？平生况有云泉约。归去来，一曲仲宣吟，从军乐。"再如《安公子》说："游宦成羁旅，短樯吟倚闲凝伫。万水千山迷远近，想乡关何处。"在描写羁旅离愁方面，柳永在前人的基础上，向前大大迈进了一步。

其次，柳永写过大量表现歌伎生活和情态的作品，这是他长期流连于花街柳巷生活的反映。柳永出入秦楼楚馆就是为了追逐、获得声色享受，他将目光与笔墨集中在歌伎的外在色与艺两方面，为此心醉，是最自然不过的。如《柳腰轻》整首词都是围绕"英英妙舞腰肢软"，写舞女的美妙舞姿。一组《木兰花》描写"心娘"、"佳娘"、"虫娘"、"酥娘"的舞姿歌喉，为她们的色艺惊艳而神魂荡漾。柳永长期与歌伎厮混在一起，对她们有着细腻的观察，对她们的内心愿望也有很多的理解，所以柳永代歌伎言情的作品写得很到位。如《定风波》：

自春来、惨绿愁红，芳心是事可可。日上花梢，莺穿柳带，犹压香衾卧。暖酥消，腻云亸，终日厌厌倦梳裹。无那，恨薄情一去，音书无个。

早知恁么，悔当初、不把雕鞍锁。向鸡窗，只与蛮笺象管，拘束教吟课。镇相随，莫抛躲，彩线慵拈伴伊坐。和我，免使年少，光阴虚过。

词以女子的口吻写成，描写她同恋人分别之后的相思之情，并通过内心活动表现出她对理想爱情的追慕。词中以生动细腻的手法刻画出一个天真无邪的女子形象。词里融进了作者长期接触和观察所得的美好印象。开篇三句写春回大地、万紫千红，而这位女子却并不因此而感到任何欢快，相反，她见"绿"而心情惨淡，见"红"而平添忧愁。次三句写红日高照，燕舞莺歌，是难得的美景良辰，而这位女主人公却怕触景伤情，故而拥衾高卧。不仅如此，她还肌肤瘦损，懒于妆扮。上片末三句揭示真正原因："恨薄情一去，音书无个。"至此，读者才发现上片用的乃是倒叙手法，结尾不仅解释了上片的三个层次，而且还很自然地引出下片的内心活动和感情的直接抒发。下片极写这位女主人公内心的悔恨之情和自我构筑的美好生活。她悔恨当初没有把"薄情"郎锁在家里；她悔恨没有让"薄情"郎手按"蛮笺象管"成天在窗下做功课；她悔恨光阴虚掷，没有同"薄情"郎整日形影不离，"彩线慵拈伴伊坐"。对歌伎类似的心事，其他词中也有表达。《昼夜乐》说："算前言、总轻负。早知恁地难拚，悔不当时留住。"与两人的相亲相爱相聚比较，一切的利禄功名都不在话下，坠入情网的歌伎又有什么更多的愿望或幻想呢？难道还能真的盼望"金榜题名时、洞房花烛夜"吗？现实一点，只求"和我，免使年少光阴虚过"

也就足够了。柳永对歌伎内心的这种理解是真切的，它与"丈夫志四方"的男子或传统的闺中贤妇截然不同。在古代社会，一个歌伎为了情爱，幻想能把所喜欢的人锁在家里，这无疑也是带有叛逆色彩的。

描写歌伎舞女生活的作品还有《迷仙引》："万里丹霄，何妨携手同归去。"这位歌伎盼望有一天能找到知心的男子，与他一生相亲相依，回到家里过一段正常的恩爱生活。《女冠子》："因循忍便瞓阻。相思不得长相聚。好天良夜，无端惹起，千愁万绪。"还有《慢卷绸》："细屈指寻思，旧事前欢，都来未尽，平生深意。到得如今，万般追悔，空只添憔悴。"这些词，从不同角度不同侧面反映了歌伎们的内心情感以及对生活的追求。此外，柳词中还有一些描写歌伎舞女的歌喉舞态的作品，赞美她们在艺术上的创造精神和炉火纯青的技巧。如《浪淘沙令》写"急舞"姿态："急锵环佩上华裀，促拍尽随红袖举，风柳腰身。"《少年游》称赞其歌喉言："文谈闲雅，歌喉清丽，举措好精神。"

柳永词还涉及其他类型的妇女题材。如《斗百花》写宫怨："无限幽恨，寄情空殢纨扇。应是帝王，当初怪妾辞辇。陡顿今来，宫中第一妖娆，却道昭阳飞燕。"《西施》咏题："苎萝妖艳世难偕，善媚悦君怀。后庭恃宠，尽使绝嫌猜。正恁朝欢暮宴，情未足，早江上兵来。"《二郎神》为织女感叹："应是星娥嗟久阻，叙旧约、飘轮欲驾。极目处、微云暗度，耿耿银河高泻。"《甘草子》叙闺妇思边："雁字一行来，还有边庭信。"这些词都带着别离的幽怨，甚至是一种永诀的痛苦。思想感情与柳永的咏伎词、羁旅词相通，或者说是借其他妇女题材写青楼女子的怨恨。

柳永还有一些描写都市风光与风土民情的作品。作者生活于北宋承平时代，为了科举，他在汴京生活过很长一段时间。由于失意，他又四处奔波，到过当时许多著名的城市。于是，他笔下出现的帝京和大城市也都写得逼真而又形象。如《倾杯乐》：

禁漏花深，绣工日永，蕙风布暖。变韶景、都门十二，元宵三五，银蟾光满。连云复道凌飞观。耸皇居丽，嘉气瑞烟葱蒨。翠华宵幸，是处层城阆苑。

龙凤烛，交光星汉，对咫尺鳌山开羽扇。会乐府两籍神仙，梨园四部弦管。向晓色、都人未散。盈万井、山呼鳌扑。愿岁岁，天仗里，常瞻凤辇。

这首词从宏观的角度高瞻远瞩地概括了汴京的雄伟壮观和非凡的气势。词中有高大的建筑，宽广的城郭，祥瑞的气氛，加之以悦耳的笙歌，缤纷夺目的焰火。总之，词人笔下的汴京富丽堂皇而又繁荣昌盛，充分显示出汴京作为当时中国政治、经济、文化与中外交流中心的宏大气派。在《透碧霄》一词中，作者还特别指出"帝居壮丽，皇家熙盛"，"太平时，朝野多欢"这一现实，描绘了"遍锦街香陌，钧天歌吹，阆苑神仙"的繁华景象，透露了当时汴京商品经济发达、人民富庶、上层统治集团寻欢逐乐的历史风貌。《满朝欢》追忆"帝里风光烂漫"，记忆最深的是"烟轻昼永，引莺啭上林，鱼游灵沼。巷陌乍晴，香尘染惹，垂杨芳草"。这类词篇不仅是很好的都城风景画，同时也是很有历史价值的风俗画。

当然，因为作者歌颂的是帝京，描绘的是太平景象，所以词里难免有夸大其词之处，在词语的使用上也必然要显得呆滞而缺少生气。柳永在汴京度过了风华正茂的少年时期，也有过"论槛买花，盈车载酒，百琲千金邀伎"（《剔银灯》）的冶游生活。但他在汴京所受的打击也是一生中最深重的。尽管他在以后的词里不断回忆汴京，多次表示对"神京"的向往，把汴京当成自己的第二故乡，但这种神往与热爱更多的却是眷恋和回忆在那里结识的歌伎舞女。所以，他对帝京的描绘远不如对杭州、苏州和成都等大都市的描绘那样成功。应当说柳永描写城市生活最为杰出的是《望海潮》：

东南形胜，三吴都会，钱塘自古繁华。烟柳画桥，风帘翠幕，参差十万人家。云树绕堤沙，怒涛卷霜雪，天堑无涯。市列珠玑，户盈罗绮，竞豪奢。

重湖叠巘清嘉。有三秋桂子，十里荷花。羌管弄晴，菱歌泛夜，嬉嬉钓叟莲娃。千骑拥高牙，乘醉听箫鼓，吟赏烟霞。异日图将好景，归去凤池夸。

柳永以激动的诗笔，把杭州描绘得雄伟壮观、清幽秀美而又富丽非凡。在短短一百一十七字之中，杭州的形势，钱塘江的涌潮，西湖的荷花，市区的繁荣，上层人士的享乐，下层百姓的生活都一一展现在读者面前。柳永善于抓住具有特征性的事物，用饱蘸激情而又带有夸张的笔墨，寥寥数语便笔底生风。上片主要勾画钱塘的"形胜"与"繁华"，大笔浓墨，气象万千。写法上由概括到具体，逐次展开。开篇三句点出"形胜"、"都会"与"繁华"，以下紧紧围绕这六个字各安排三句，做形象的铺写，境界立即展开："烟柳画桥"三句写的是都会美丽的风景和人烟的稠密；"云树绕堤沙"三句侧重写钱塘江潮的险峻气势；"市列珠玑"三句突出了杭州城的富庶繁华。下片侧重于描绘西湖的美景与游人的欢乐。写法上着眼于"好景"二字，尤其突出"好景"中的人物。"重湖"三句描绘西湖美景，"三秋桂子，十里荷花"写景如画。"羌管弄晴"三句写湖面上采莲的欢乐，紧张的劳动也成了轻松的游戏。"千骑拥高牙"写的是州郡长官。据说柳永写此词是献给杭州地方长官的，结尾就归结到本意。这首词真把杭州写成了优美如画的人间仙境。

这首词形象地描绘出杭州天堂般的胜境，艺术感染力是很强的。相传金主完颜亮听到"三秋桂子，十里荷花"以后，便对杭州垂涎三尺，因而更加膨胀起他侵吞南宋的野心。宋·谢驿（处厚）有一首诗写道："莫把杭州曲子讴，荷花十里桂三秋。岂知草木无情物，牵动长江万里愁。"这虽是传说，并不一定可信，但杭州的确美丽迷人。特别是经过柳永的艺术加工，使杭州更加令人心驰神往。这首《望海潮》在艺术上几乎超过了前人所有歌颂杭州的诗词。

柳永笔下的苏州也是很美的。他在《木兰花慢》中写道："古繁华茂苑，是当日、帝王州。咏人物鲜明，土风细腻，曾美诗流。寻幽。近香径处，聚莲娃钓叟汀洲。晴景吴波练静，万家绿水朱楼。"词中不仅写到苏州的文明古史，还特别描绘了灵岩山下的采香径。相传当年吴王种香于香山使美人泛舟于溪中采香。从灵岩山下望，采香径笔直如箭，直通太湖，故又名箭径。然而，今天在采香径里泛舟的已不是宫里的美人，而是平常的莲娃钓叟了。在《瑞鹧鸪》一词里，还特别反映出苏州的富庶："吴会风流，人烟好，高下水际山头。瑶台绛阙，依约蓬丘。万井千闾富庶，雄压十三州。触处青蛾画舸，红粉朱楼。"此外，柳永《一寸金》歌咏成都说："地胜异、锦里风流，蚕市繁华，簇簇歌台舞榭。雅俗多游赏，轻裘俊、靓妆艳冶。当春昼，摸石江边，浣花溪畔景如画。"另一首《木兰花慢》和《长寿乐》等所咏城市不可确指，也是一片繁华景象。《木兰花慢》说："倾城，尽寻胜去，骤雕鞍绀幰出郊坰。风暖繁弦脆管，万家竞奏新声。"《长寿乐》说："是处楼台，朱门院落，弦管新声腾沸。恣游人、无限驰骤，骄马车如水。竞寻芳选胜，归来向晚，起通衢近远，香尘细细。"在柳永笔下，都市风光一一展露。

柳永也写过一些轻视功名和反映仕途失意后的牢骚和不满的作品。这样的词，一般均写得大胆而又泼辣。如《鹤冲天》：

黄金榜上，偶失龙头望。明代暂遗贤，如何向？未遂风云便，争不恣狂荡。何须论得丧？才子词人，自是白衣卿相。

烟花巷陌，依约丹青屏障。幸有意中人，堪寻访。且恁偎红翠，风流事，平生畅。青春都一饷，忍把浮名，换了浅斟低唱。

这首词以通俗浅近、明白晓畅的语言，直接抒发词人蔑视名利、傲视公卿的思想感情。在封建社会的绝大多数时间里，科举考试都存在着营私舞弊、遗漏贤才的通病。"明代暂遗贤"、"未遂风云便"等句，就包含有作者的无限辛酸和对科举制度的讽刺揶揄，它说出了那个时代许多失意知识分子的内心感受，引起了广泛的共鸣。但问题还并不止于此，这首词的深刻和尖锐之处，还在于它表明词人将功名利禄直斥为"浮名"，他宁肯在"烟花巷陌"之中去寻找"意中人"，宁肯当一辈子"才子词人"，宁肯在"浅斟低唱"之中虚掷青春，也不要那身外的"浮名"，这在统治者看来真有点大逆不道了。封建时代的多数文人，科举落第以后无非是"头悬梁、锥刺股"，一心只读圣贤书，以求卷土重来。如此一次又一次地前赴后继，至死不辍。那么，中者与落第者皆紧紧地聚集在统治集团周围，这正是统治者笼络人才、增强朝廷凝聚力所需要的。落第者即使有牢骚，也大都是骂骂考官无眼之类的，甚至叹息自己时运不济，对科举制度依然充满着热望。北宋前期对科举制度做了大幅度的变革，努力保证"一切以程文为去留"的公平竞争原则的贯彻实施，因此也成功地培养起文人对赵宋朝廷的向心力。然而，恰恰在这个时代背景下，柳永却表现出词人对封建道德信条的蔑视，甚至将"风流事"放在科举功名之上，这是统治者决不能容忍的，柳永因此得罪仁宗，招致了以后仕途上的无限

9

麻烦。

不过，统治者真是误解了柳永，他何尝不是对功名利禄孜孜以求，柳永的到处"打秋风"，最终依赖科举晋身，奔走"政府"之间要求改官等，都明显地流露出他内心对仕途的渴望。只不过，柳永生性浪漫，"偎红翠"的生活又确实给他带来了许多快乐，牢骚汹涌时便口无遮拦，触中了统治者的忌讳。

《乐章集》中蔑视功名利禄的作品还有：《夏云峰》"名缰利锁，虚费光阴"、《戚氏》"念利名、憔悴长萦绊"、《轮台子》"干名利禄终无益"、《凤归云》"蝇头利禄，蜗角功名，毕竟成何事"、《凤归云》"算浮生事，瞬息光阴，锱铢名宦"、《尾犯》"图利禄，殆非长策"、《过涧歇近》"此际争可，便恁奔名竞利去"等。《如鱼水》说："富贵岂由人。"柳永并不是不想"富贵"，不要功名，只是无可奈何、身不由己。柳永就是这样一个矛盾的词人，明明是一生渴求仕进，却又如此牢骚满腹。而这种牢骚在现实中所发挥的客观效应，尤为统治者所不喜欢。矛盾的表现使得柳永在官场上无所作为，官场的失意加深了他的痛苦，而这些痛苦又成就了他的歌词。

另外，柳永还有一些谀圣词。这类词内容多是夸耀社会太平、百姓安居乐业、都市繁华富庶、君王英明圣贤，写作的目的是为了通过颂扬帝王的政绩，求取仕途的飞黄腾达。柳永事实上是一个比较"俗气"的文人，《渑水燕谈录》卷八载：柳永"皇祐中久困选调，入内都知史某爱其才而怜其潦倒。会教坊进新曲《醉蓬莱》，时司天台奏老人星见，史乘仁宗之悦，以耆卿应制。耆卿方冀进用，欣然走笔，甚自得意，词名《醉蓬莱慢》。比进呈，上见首有'渐'字，色若不悦。读至'此际宸游，凤辇何处'，乃与御制真宗挽词暗合，上凄然。又读至'太液波翻'，曰：'何不言波澄？'乃掷之于地。永自此不复进用。"从《乐章集》中留下不少谀圣词而又没有现实效果来看，这类拍马屁拍到马蹄子上去的事情柳永没少干。《乐章集》中这类题材的作品一共留存了十二首，如《送征衣》(过韶阳)、《倾杯乐》(禁漏花深)、《柳初新》(东郊向晓星杓亚)、《玉楼春》(昭华夜醮连清曙)等五首、《御街行》(燔柴烟断星河曙)、《永遇乐》(薰风解愠)、《破阵乐》(露花倒影)、《醉蓬莱》(渐亭皋叶下)。这类作品内容空泛无物，不值一读。

此外，柳永的《看花回》（屈指劳生百岁期）写人生无常，要求及时行乐；一组《巫山一段云》五首咏仙，李调元《雨村词话》卷一称赞其"工于游仙，又飘飘有凌云之意"；《双声子》（晚天萧索）咏史，对"夫差旧国""尽成万古遗愁"深致感慨；《应天长》（残蝉渐绝）和《玉蝴蝶》（淡荡素商行暮）抒重阳节登高与友人聚饮、览景"杯兴方浓"的豪趣；《望远行》（长空降瑞）写"皓鹤夺鲜，白鸥失素，千里广铺寒野"之白茫茫雪景，也显示出柳永词内容的丰富和艺术的高超。

## 对柳永歌伎词的评价

在上述介绍的诸多作品中，柳永以善写歌伎词而著称，这类作品成就也最高。即使是羁旅词等其他题材的作品，也有歌儿舞女厕身其间。那么，对柳永的歌伎词所抒发的情感做一番评析也是十分必要的。

评析柳永恋情词所抒发的情感，关键看词人对歌伎的态度。在那个以男性为中心的男尊女卑的封建社会里，面对的又是妇女阶层中最卑贱的歌伎，男性词人高高居上，丝毫不将对方作为一个人来看待是十分正常的，也是极其普遍的。宋代正是理学形成并走向昌盛的时代，所以，柳永恋情词中的男女双方并不平等，女性只是男性玩弄的对象。柳永大量的词都是以"狎邪"的目光注视着青楼女子，赏玩她们的形貌体态。如《小镇西》说："意中有个人，芳颜二八。天然俏，自来奸颉黠。最奇绝，是笑时，媚靥深深，百态千娇。再三偎著，再三香滑。"柳永视歌伎为消愁解闷的玩物。他向往"是处王孙，几多游伎，往往携素手"（《笛家弄》）的艳冶生活，期待"更阑烛影花阴下，少年人、往往奇遇"（《迎新春》）的意外艳遇，总是以江湖浪子"狎邪"的目光盯着众多女性。

柳永在偎红依翠的特定环境中，因对方的色艺俱佳而兴奋，他受欲望的刺激而迸发出来的创作激情不是"真挚情感"，而是见一个爱一个，处处留情，主宰其情感的主导是一种"逢场作戏"的娱乐之情。

《醉翁谈录》丙集卷二载柳永一首《西江月》，最能说明柳永这种"洒向人间都是爱"的多情：

> 师师生得艳冶，香香于我多情，安安那更久比和，四个打成一个。
> 幸自苍皇未款，新词写处多磨。几回扯了又重揍，奸字中心著我。

　　三位歌伎照单并收，多情就是无情，事实上是没有对其中的任何一位投入真感情。结尾词人竟以此沾沾自喜，夸耀于人。繁体"奸"字写作"姧"，柳永以此夸耀自己同时与三位歌伎厮混，游戏欢场的态度是十分明显的。《清平山堂话本》将柳永这些玩弄歌伎的"风流韵事"演义成《柳耆卿诗酒玩江楼记》，其中就引用了这首《西江月》。故事写柳永为了将拒绝他的歌伎周月仙骗上手，唆使舟子强奸了周月仙。这虽然是"小说家者言"，但也大体符合柳永对待歌伎的态度。

　　柳永的恋情词里所倾诉的情感不是现在意义上的爱情。这类词大都夸耀歌伎的容貌艳丽与技艺出众，以及色艺双绝之女子对自己的温柔多情。其实内里暗含着柳永这样的心理：以幻想自己在众多女性心目中的崇高地位来反证自己的才学与地位，从而获得心灵上的自我抚慰。柳永根据环境、人物之不同，以熟练的技巧将类似的内容加以变化组合，作品中流动着的是词人刹那间由对方容貌或技艺刺激而引发的激情，以至分手多年后仍然难以忘怀。归根结底，这里所抒发的是一种享乐乃至淫乐之情，缺乏生命意义上的独立自主的个性追求，无论如何也不能将其上升到"爱情"的位置而对其大唱赞歌。《殢人娇》说："当日相逢，便有怜才深意"；《尉迟杯》说："每相逢、月夕花朝，自有怜才深意。"词人的这种猜测有多少可信成分呢？依据常情也可以推想出否定的答案。风月场中的送往迎来，有何情可言？至多是词人的自作多情。

　　这种腐旧的以男性为中心的视角，是柳永恋情词的基调。周作人在《妾的故事》中曾辛辣地讽刺说："旧时读书人凭借富贵，其次是才学，自己陶醉，以为女人皆愿为夫子妾。"柳永恋情词中，这样的意识表现得十分突出。秦楼楚馆偶然相逢，歌舞酒宴蓦然相见，便认为一切女子必然地要为自己的才学、风度、气质、地位、富贵所倾倒，争先恐后地做出爱与性的奉献。于是，歌伎职业性的一笑一颦，一举手一投足，都为文人提供了无限绮丽遐想之细节依据："琵琶闲抱，爱品相思调。声声似把芳心告"（《隔帘听》）；"娇波艳冶，巧笑依然，有意相迎"（《长相思》）；"明眸回美盼。同心绾"（《洞仙歌》）；等等。

在男性词人看来，他们永远是女性心目中的白马王子。仕途失意、江湖落魄时，更需要在幻觉中维系自己"白马王子"的形象，以女性的奉献来证明自身存在的价值，以摆脱人生价值幻灭的失落，保持心理上的平衡。这是一种典型的"自恋"情结。所以，与恋情词有关的另一大类是特定的环境中而别有寓意者。"学而优则仕"是中国古代文人唯一追求的人生价值。柳永既然一生都处于仕途失意、价值幻灭的境况之中，便不惜放纵声色，以醇酒美女自慰，也以此来发泄愤恨和牢骚。所以，他落第后高唱："烟花巷陌，依约丹青屏障。幸有意中人，堪寻访。且恁偎红翠，风流事，平生畅。青春都一饷，忍把浮名，换了浅斟低唱。"（《鹤冲天》）这时候，柳永把更多的注意力投向歌儿舞女，有时也发出一些"同是天涯沦落人"的感慨。其意图是借他人之酒杯，浇自己之块垒。词人的失意于是自觉或不自觉地渗透到恋情词中，借歌伎之种种表现，以发泄内心的怨气。《凤栖梧》说：

帘内清歌帘外宴。虽爱新声，不见如花面。牙板数敲珠一串，梁尘暗落琉璃盏。

桐树花深孤凤怨，渐遏遥天，不放行云散。坐上少年听不惯，玉山未倒肠先断。

"坐上少年"善辨乐声，听出歌伎演奏的乐声中有怨愁之意，为之肠断，听者与演奏者获得一种心灵上的共识。"坐上少年"之所以能够牵动悲怀，其真正原因恐怕就是由于自身的遭遇所导致。当词人处于痛苦之中时，无论是"萧萧落木"之秋日，还是"惨绿愁红"之春季，周围的一切都能牵引出他的愁绪。歌伎的缠绵之情或坎坷生涯深深触动着词人的悲情。在作品中歌伎的作用与其他外景外物一样，是用来衬托词人的失意的，仅此而已。

这种情绪更多地流露在羁旅相思之作中。词人或为生计所迫，或因仕途挫折，长年累月奔波于旅途，滞留于他乡，劳顿困苦，风尘仆仆。于是，曾经拥有过的相对安定的生活就值得反复回忆、留恋，用来反衬眼前的颠沛流离，强化抒情效果。词人的一度风流艳遇，或与某歌伎的一段旖旎往事，最令人心驰神往、追慕不已。旅途中当然会时时想起，以慰孤寂。词人所抒发的情感仍紧紧围绕着自我的中心，对某一次艳遇或某一位歌伎的留恋，深层原因是不得志的转移与宣泄。

此外，柳永失意时所作的少量恋情词，直接倾诉歌伎的心声，向来备受称道，是"平等"说的主要依据。如果结合词人的遭遇和歌词的上下文，仍然能品味出词人的"别有用心"。柳永《迷仙引》下片说："已受君恩顾，好与花为主。万里丹霄，何妨携手同归去。永弃却、烟花伴侣，免教人见妾，朝云暮雨。""万里丹霄"以下辞句，被学者反复征引，柳永因此获得一片称誉声。回到原文就能明白，这段心事表白是由"已受君恩顾，好与花为主"引发出来的，仍然是用来烘托男性主人公，就是词人科举落第时所痛苦叫喊的"幸有意中人，堪寻访"，思维和叙述方式都是属于"周公"式的。又《集贤宾》说："争似和鸣偕老，免教敛翠啼红。"这也是被今人认可的能说出歌伎心事的好词。然而，词的上片告诉读者：词人是在"小楼深巷狂游遍，罗绮成丛"的狎伎过程中，发现了"有画难描雅态，无花可比芳容"之容貌体态最为诱人的"虫虫"，两人一起度过了许多"鸳衾暖、凤枕香浓"的双宿双飞生活。过片说"近来云雨忽西东"，词人被迫离开了"虫虫"，离别后心有不甘，才有了以上代佳人的想象表述。事实上依然是词人对歌伎体态容貌迷恋不愿离去的另一种说法。

## 柳永词的影响

柳永在词史上的影响是巨大而又深远的。柳永词受到当时社会各阶层普遍的喜爱，其原因有三：

其一，语言俚俗浅近，易于被接受。《碧鸡漫志》卷二称柳词"浅近卑俗，自成一体，不知书者尤好之。"徐度在《却扫篇》中说："故流俗人尤喜道之。"宋翔凤《乐府余论》说："耆卿失意无俚，流连坊曲，遂尽收俚俗语言，编入词中，以便伎人传习，一时动听，散播四方。"柳永词首先被民间下层以及边疆汉文化修养层次较低的少数民族所喜闻乐见是不容置疑的，《避暑录话》卷下称："凡有井水饮处，皆能歌柳词。"就说明了其受欢迎的程度。胡寅在《酒边词序》中也说柳词"好之者以为无以复加"。即使是具有较高文化修养的文人士大夫和社会上层，虽然口头上和理智上表示反对，现实中也掩饰不住对柳词的喜爱。仁宗在人前人后的两套作为，以及晏殊、苏轼等事实上是熟读了柳词却加以贬斥的事实，充分说明了这一点。

其二，大量创制新调，符合了人们的审美需求。李清照《词论》说柳永"变旧声作新声，大得声称于世"。在艺术欣赏方面，人们的审美心理永远是"喜新厌旧"的。再动听迷人、流行一时的乐曲也要逐渐被新兴的音乐所替代，柳永"新声"的出现，正好给人们带来全新的艺术享受。

其三，"艳冶"的话题，迎合了人们的世俗心理。《艺苑雌黄》说："柳之《乐章》，人多称之。然大概非羁旅穷愁之词，则闺门淫媟之语。"张端义《贵耳集》说："盖词本管弦冶荡之音，而永所作旖旎近情，故使人易入。虽颇以俗为病，然好之者终不绝也。"男女情爱出自人的自然本性，因此也成为文学的永恒主题，这类题材的作品便受到了各个阶层、各个时代的读者的普遍欢迎。尤其是宋代都市经济繁荣之后，出现了一个市民阶层，他们由中下层官员及家属与仆人、衙门吏卒、商人、手工业者、艺人、城市贫民等组成，他们在工作闲暇、茶余饭后需要精神调剂，需要娱乐享受，而这个阶层平日最大最多的娱乐方式就是赤裸裸地谈论男女之情。柳永词因此深得他们的喜爱也就不难理解。

德国著名音乐家舒曼曾经说过这么一句话："要尊重前人的遗产，也要一片真诚地对待新事物。"柳永正是这样做的。他全面继承了我国古代诗歌的艺术传统并直接继承唐、五代词的创作经验，其中，他受"花间"词人、特别是受韦庄和李煜的影响更为明显。贺裳在《皱水轩词筌》中说："小词以含蓄为佳，亦有作决绝语而妙者，如韦庄'陌上谁家年少足风流，妾拟将身嫁与，一生休，纵被无情弃，不能羞'之类是也。牛峤'须作一生拚，尽君今日欢'抑亦其次。柳耆卿'衣带渐宽终不悔，为伊消得人憔悴'亦即韦意，而气加婉矣。"这里所说，虽然是指柳永的小令，但其率直真切、以抒情见长的特点却是贯穿于柳词整个创作之中的。

15

然而，更值得注意的却是柳永能一片真诚地对待新事物。柳永长期生活于歌伎舞女之间，他一面继承敦煌曲子词的传统，一面从民间的"新声"中汲取丰富营养，从而在形式、内容、手法以及语言上有了新的突破和新的创造，并由此而获得很高声誉。柳永在词史上的地位也集中体现在这两个方面：慢词形式的大量创制和运用，从而使其成熟并得到推广，成为两宋词坛的主要创作形式；民间文学与语言的汲取，以及俚俗词派的创立。在词史上，作品在当时能有如此巨大的影响，除柳永以外，恐怕很难找到第二个了。而且，柳永词不仅在国内广泛流传，当时就已传播到西夏、高丽，在国际上也有一定影响。

　　柳永以毕生精力从事词的创作，在词的创作上，他是个全才。他既有创意之才，又有创调之才，在创意与创调两方面都充分表现出他的创新精神。后代词人几乎没有不在这两方面接受他的影响的。很明显，如果没有柳永的出现，词的创作还很难摆脱小令的影响。正是因为柳永大量填写慢词并取得很大成功，"东坡、少游辈继起，慢词遂盛"（宋翔凤《乐府余论》）。这说明，像苏轼这样的大词人和秦观这样的"婉约之宗"，也都是在柳永的影响下大量从事慢词写作的。周邦彦受柳永的影响更为明显，《柯亭词论》说："周词渊源，全自柳出，其写情用赋笔，纯是屯田法。"不过，在接受柳永的影响方面，各有不同，有的在创意方面接受的多些，有的在创调方面接受的多些。而在创意、创调两个方面同时接受柳永影响的词人就很少。苏轼开创了豪放词的创作，把词推向了一个新的历史阶段，但他在创调方面却没有像柳永那样做出大的贡献。又如周邦彦，他在词调、词律的规范化方面做出了很大贡献，但在创意方面的进展却微乎其微。可见，在中国词史上能够像柳永那样在创意与创调两个方面同时做出贡献的词人，在北宋以后的词坛上几乎是绝无仅有的。王灼承认柳永词"序事闲暇，有首有尾，亦间出佳语，又能择声律谐美者用之。"陈振孙则推许柳词"音律谐婉，语意妥帖。"

　　元明以来，柳永作品广受欢迎，而有关他的故事流传也很广泛，话本小说、杂剧戏曲中都有人写过柳永的故事。话本上文提到了《柳耆卿诗酒玩江楼记》和《众名姬春风吊柳七》，杂剧中则有《钱大尹智宠谢天香》、《风流冢》，院本有《变柳七》等。

# 黄莺儿

园林晴昼春谁主[1]？暖律[2]潜催，幽谷暄和[3]，黄鹂翩翩，乍迁芳树。观露湿缕金衣[4]，叶隐如簧语[5]。晓来枝上绵蛮[6]，似把芳心、深意低诉。

无据[7]。乍出暖烟[8]来，又趁游蜂去。恣狂[9]踪迹，两两相呼，终朝雾吟风舞。当上苑[10]柳秾时，别馆[11]花深处，此际海燕[12]偏饶[13]，都把韶光[14]与。

【注释】

1 春谁主：谁是春天的主人。

2 暖律：指温暖的季节。律，指古代声调高低之乐律，共有十二律，其中又分为律和吕，各六种，统称为律。因为上古音乐起源于对自然界种种声音的效仿，另外，季节变换可影响人心情，同时天籁之音遂变；而音乐亦可转移情绪。因而上古之人非常重视乐律与历法，以律、历并称，以十二律配合时令变化，认为音乐与自然有某种神秘契合。此处以"律"代指季节，故"暖律"表示温暖的季节。

3 暄和：温暖和煦。

4 缕金衣：即金缕衣，饰以金缕的舞衣。这里比喻鸟羽的斑斓。

5 如簧语：比喻鸣叫之声婉转动听，用了巧舌如簧的典故。

6 绵蛮：象声词，指鸟的鸣叫声。

7 无据：犹言难以把握。此指黄鹂来去无踪，难以寻觅。

8 暖烟：早春时节的氤氲之气。

9 恣狂：形容黄鹂的轻快活泼。

10 上苑：帝王游观、打猎的园林。

11 别馆：客馆。

12 海燕：燕子的别称，古人认为燕子每当春天自南方渡海而至，故称海燕。

13 饶：增添。

14 韶光：美好的时光。

**【赏析】**

这是一首咏物词，作者着意描写了一只轻盈活泼的黄鹂，将一片明媚的春光点染得极其生动且富有情致，表达了作者对春天的深情。

词的上片主要写黄鹂翩翩的舞姿和婉转的歌喉。"园林晴昼春谁主"，作者一开始就询问，谁是春天的主人，原来是黄鹂这可爱的精灵，它属于春天，也最能代表春天。当温暖的春天来到人间，幽深的山谷也暖和起来，阳气上升，姹紫嫣红的百花也争相开放。黄鹂从开满鲜花的树丛中飞来了，迎接着春天，它翩翩起舞。它金黄色的羽毛被露水打湿了，它在树叶掩映中唱起了清脆的歌。它像一位多情的少女，对着春天诉说着什么呢？

词的下片写黄鹂活泼欢快的情态。你看它飞去飞来，多么忙碌！刚刚从树林中飞来，又去花丛中追逐蜜蜂，它们相互呼应，从早到晚在如烟似梦的岚雾中歌唱、跳舞。在花秾柳绿的时候，在美丽的别馆和上苑里，虽然燕子亦归来，但它却把明媚的春光让给了黄鹂，使黄鹂独占春色。结尾两句，用燕子做衬托，照应开头，表明黄鹂才是春天真正的主人。

## 雪梅香

景萧索[1]，危楼[2]独立面晴空。动悲秋情绪，当时宋玉[3]应同。渔市孤烟袅寒碧[4]，水村残叶舞愁红[5]。楚天阔，浪浸斜阳，千里溶溶。

临风。想佳丽，别后愁颜，镇敛[6]眉峰。可惜当年，顿乖[7]雨迹云踪[8]。雅态妍姿正欢洽，落花流水忽西东。无憀[9]恨，相思意，尽分付征鸿[10]。

**【注释】**

1 萧索：秋日萧条落寞的自然景象。

2 危楼：高楼。

3 宋玉：战国时期楚国人，著名的词赋家。其《九辩》云："悲哉，秋之为气也！萧瑟兮草木摇落而变衰。"后人以此为千古悲秋之祖，因此将悲秋情绪和宋玉联系在一起。

4 孤烟袅寒碧：言水光如烟，水色清澈而生寒意。

5 残叶舞愁红：秋风吹落残叶，红叶飘摇，令人生出愁意。

6 镇敛：紧锁。

7 乖：相违，乖别。

8 雨迹云踪：形容漂泊在外，行踪不定。

9 无悰：无可依赖，形容内心不安。

10 分付征鸿：托付远飞的鸿雁。分付，托付。

**【赏析】**

这首词写作者漂泊他乡，登高望远，思念远方的恋人。词的上片写萧瑟的秋景所引发的游子客居他乡的落寞，清澈的秋水散发着阵阵寒意，袅娜的烟雾中似是那不绝如缕的悲秋情绪，他的心情就像飘零的红叶，在秋风中飘向远方。脉脉的斜阳洒落在楚地的千里山河上，疲倦的游子今夜又将投宿在何处？

词的下片想象佳人对自己的思念。她为恋人四处漂泊，所以每天愁眉紧锁，美好的青春年华在一年又一年的漫长等待中消逝，每每想起两人分别的落花流水时节就让人无限的后悔，而今不知何时重逢，只能把这分相思寄托给远去的鸿雁吧！

这首词能把词人的悲秋情绪和佳人对自己的思念之情与景物描写融合在一起，极具感染力。其中"渔市孤烟袅寒碧，水村残叶舞愁红"两句，深得秋景韵致，造语工巧。清·邓廷桢《双砚斋词话》："《乐章集》中冶游之作居其半，率皆轻浮猥亵，取誉筝琶……《雪梅香》之'渔市孤烟袅寒碧'，差近风雅。"

## 早 梅 芳

海霞红，山烟翠。故都[1]风景繁华地。谯门[2]画戟[3]，下临万井[4]，金碧楼台相倚。芰荷[5]浦溆[6]，杨柳汀洲[7]，映虹桥倒影，兰舟[8]飞棹，游人聚散，一片湖光里。

汉元侯[9]，自从破虏征蛮，峻陟[10]枢庭[11]贵。筹帷[12]厌久，盛年昼锦[13]，归来吾乡我里[14]。铃斋[15]少讼[16]，宴馆多欢，未周星[17]，便恐皇家，图任勋贤[18]，又作登庸[19]计。

**【注释】**

1 故都：指杭州。

2 谯门：建有瞭望楼的城门。

3 画戟：加彩饰的戟，用作仪仗，以示威武。

4 万井：指城内地域辽阔，街市纵横有序。井，指市井。

5 芰荷：荷花的一种。

6 浦溆：水边，水滨。

7 汀洲：水边平地。

8 兰舟：对木船的美称。

9 汉元侯：陈永正认为是东汉的元侯邓禹（《学术研究》1999年第7期）。元侯是因首功而封侯者。此处以汉元侯比拟杭州地方长官孙沔。

10 峻陟：威武庄严地登上。

11 枢庭：政权的中枢，即朝廷。

12 筹帷：在军队的帐幕中出谋划策。

13 昼锦：白天穿锦绣的衣服，以示夸耀。

14 吾乡我里：自己的故乡。

15 铃斋：即铃阁，将帅所居之地。

16 讼：官司，公案。

17 周星：一年。

18 图任勋贤：皇帝表彰有功之臣。

19 登庸：进用，被重用。

**【赏析】**

这首词是献给杭州知府孙沔的，孙沔因战功而以枢密直学士、给事中知杭州，又迁为枢密院副使，柳永献词的目的是希望得到他的举荐。

词的上片描写了杭州繁华的市容和美丽的自然风光，作者先从远处着笔，描写杭州周围青山围绕，烟霭弥漫，天边红霞映衬，繁华似锦。秀丽的杭州掩映在这缥缈的群山和云蒸霞蔚之中。紧接着作者又在俯仰之间，通过描写亭台楼阁和寻常巷陌，呈现出杭州繁华富庶的气象。最后柳永的目光聚焦在西子湖畔：湖面婷婷的荷花，岸上依依的杨柳、水中拱桥的倒影像是天上的彩虹。美丽的湖光山色吸引着众多的游人，或聚或散，或行或止，那往来不绝的游船更增添了几分热闹。

词的下片以汉元侯作比，盛赞孙沔的才能功绩。当初的汉元侯南征北战，战功赫赫，因此而贵为朝中显要。但他厌恶久在军中，于壮年衣锦还乡。柳永讲述汉元侯的经历，实际是在称颂孙沔以前的功绩。词最后说孙沔在杭州任上还未满一年，就使得社会安定，政绩卓著，不久当回朝受到重用。

这首词写杭州的风物比《望海潮·东南形胜》逊色，但是作者对景物的描写是非常精彩的。"芰荷"六句写西湖景色及游人泛舟的景况，仅二十六字，却写出了芰荷、浦溆、杨柳、汀洲、虹桥、倒影、兰舟、飞棹、游人、湖光等事物，笔墨之经济内容之丰富，让人叹为观止。

# 斗百花

飒飒霜飘鸳瓦[1]，翠幕[2]轻寒微透，长门[3]深锁悄悄，满庭秋色将晚，眼看菊蕊，重阳泪落如珠，长是淹残粉面[4]。鸾辂[5]音尘远。

无限幽恨，寄情空殢[6]纨扇。应是帝王，当初怪妾辞辇[7]，陡顿[8]今来，宫中第一妖娆，却道昭阳[9]飞燕[10]。

【注释】

1 鸳瓦：鸳鸯瓦，两两成对的瓦。

2 翠幕：翠色的帘幕。

3 长门：汉代皇宫的名字，汉武帝的陈皇后阿娇失宠后在此居住，这里指班婕妤失宠后居住的地方。

4 淹残粉面：泪水冲淡了脸上的粉，即以泪洗面。

5 鸾辂：即鸾车，车上有铃，响声似鸾鸣，故称。

6 空殢：白白地留恋。殢，沉溺、缠绕。

7 辞辇：谢绝与皇帝同辇而行的要求，班婕妤认为君王之侧应该是贤人，而不是美人，所以拒绝和君王同辇。辇，皇帝乘坐的车子。

8 陡顿：突然，当时的口语。

9 昭阳：汉代皇宫名。

10 飞燕：即赵飞燕。赵飞燕貌美，善歌舞，与妹妹俱被汉成帝召入宫中，大受宠爱，她们就居住在昭阳宫。

**【赏析】**

这是一首宫怨词，描写的是班婕妤的故事，她因为不肯阿顺君王，品行高尚而失宠，作者在对班婕妤寄寓同情的同时，也抒发了自己怀才不遇的人生感叹。

词的上片着重描写女主人公的生活环境，以景衬情，侧面描写班婕妤失宠后的幽怨。这可以用一个"寒"字来概括。寒冷的霜花，透着寒意的翠幕，深邃凄寒的宫殿，秋意阑珊的寒秋，在这样一个寒冷寂寥的环境中，让人感受最深的是女主人那颗孤独悲凉的心。她怔怔地看着眼前憔悴的黄花，人和花儿同病相怜，不禁潸然泪下。但是那分孤苦的情怀能向谁倾诉呢？她只能每天听那渐渐远去的鸾车声。

词的下片以主人公内心独白的方式来抒情，她深知君王已经对她恩断义绝，只能将满腹的幽恨书写在纨扇上，虽然这也不能消除她的忧愁。她在不停地追问自己为什么会失宠，可能是因为自己谢绝与君王同辇而冒犯了他吧！现在，赵飞燕凭借美貌和歌舞而受宠，一切都难以挽回。

这首词在同情班婕妤的悲惨遭遇的同时，其实也委婉表达了对君王重色轻德的批评，不露痕迹地揭露了帝王的喜新厌旧是造成班婕妤悲剧命运的根源。整首词委婉含蓄，意旨深微。《词洁辑评》言："匀稳工整，在柳词已是上乘。"

# 甘 草 子

秋暮。乱洒衰荷[1]，颗颗真珠[2]雨。雨过月华[3]生，冷彻鸳鸯浦[4]。
池上凭阑愁无侣。奈此个[5]、单栖[6]情绪。却傍金笼共鹦鹉。念
粉郎[7]言语。

【注释】

1 衰荷：深秋的枯荷。

2 真珠：即珍珠，比喻荷上的雨滴。

3 月华：月光。

4 浦：水边。

5 此个：这般光景。

6 单栖：独居无偶。

7 粉郎：傅粉的男子，即年轻貌美的男子。

【赏析】

这首《甘草子》是一篇绝妙的闺情词，属小令词。

上片写女主人公池上孤寂倚栏。秋天本易触动寂寥之情，何况
"秋暮"。"乱洒衰荷，颗颗真珠雨"，"乱"字亦用得极好，既写出雨
洒衰荷时惊心的声响，又画出水珠乱溅的景色，也显示了女主人公的
寂寞无聊和心乱如麻。"雨过月华生，冷彻鸳鸯浦"两句，可见女主
人公池上栏边久久未去，从雨打衰荷直到雨霁月升。雨来时池上已无
鸳鸯，"冷彻鸳鸯浦"道出了女主人冷漠空寂的内心世界。

下片"池上凭阑愁无侣"一句收束上意，点明愁因。"奈此个、单
栖情绪"则推进一层，写孤眠之苦，场景也由池上转入屋内。这首词
结尾二句别开生面，写出新意："却傍金笼共鹦鹉。念粉郎言语。"荷
塘月下，轩窗之内，一个不眠的女子独自调弄鹦鹉，自是一幅绝妙仕
女图。而画图难足的，是那女子教鹦鹉念的"言语"，不直写女主人
公念念不忘"粉郎"及其"言语"，而通过鹦鹉学"念"来表现，委
婉含蓄。鸟语之后，反添一种凄凉，因鸟语之戏不过是自我安慰，又
岂能真正填补空虚。

《金粟词话》云："柳耆卿'却傍金笼教鹦鹉，念粉郎言语'，花间之丽句也。" 这首词辞彩华美，如"真珠"、"月华"、"鸳鸯"、"金笼"、"鹦鹉"等词，语辞艳丽，俱是花间派的作风。

## 甘 草 子

秋尽。叶翦红绡[1]，砌[2]菊遗金粉。雁字一行来，还有边庭[3]信。
飘散露华清风紧。动翠幕，晓寒犹嫩，中酒[4]残妆慵[5]整顿。
聚两眉离恨。

### 【注释】

1 叶翦红绡：树叶如用红绡裁剪出来的。深秋季节，树叶转红，故云。绡，生丝织成的薄纱。

2 砌：台阶。

3 边庭：边疆。

4 中酒：酒酣，或醉酒。

5 慵：懒。

### 【赏析】

正当深秋季节，思妇思念远方的恋人，对着满目的清秋景色，备感孤寂。"雁字一行来，还有边庭信"，天空中的一行飞雁，是否带来了边疆的音信。"飘散露华清风紧"一句，不仅写出了时不我待、人生急迫的感受，也表达了孤寂和思念对生命的销蚀和摧残。"中酒残妆慵整顿，聚两眉离恨"，女主人酒醉后无心梳妆打扮，只有紧皱的双眉凝结了许多的愁怨！

## 昼 夜 乐

洞房记得初相遇，便只合[1]、长相聚。何期小会幽欢，变作离情别绪，况值阑珊[2]春色暮。对满目、乱花狂絮。直恐好风光，尽随伊归去。

一场寂寞凭谁诉，算前言、总轻负[3]。早知恁地[4]难拚[5]，悔不

唐宋名家诗词赏读

**当时留住。其奈风流端正外，更别有、系人心处，一日不思量，也攒眉千度⁶。**

【注释】

1 只合：只应当。

2 阑珊：衰落，即将消逝。

3 轻负：轻易地辜负了昨日的誓言。

4 恁地：如此。

5 难拚：难以舍弃。

6 攒眉千度：皱眉一千遍，形容整天愁眉紧锁。

【赏析】

　　这是一首回忆往昔欢聚和抒写相思的词。作者词中塑造了一个独居索寞、伤春怀人的思妇形象。这首词铺叙展衍，层层递进，把女主人公细腻深婉的内心世界表现得曲折往复、淋漓尽致。全词絮絮如诉，体情入微，得闺中真情。

　　词的上片作者以追忆的方式，让女主人公叙述其短暂而难忘的爱情故事，她絮絮诉说其无尽的懊悔。故事的开头直接写她与情人的初次相会，省略了许多枝节。这次欢会就是他们的初次相遇。初遇即便"幽欢"，正表现了市民恋爱直接而大胆的特点。这样的初遇，自然给女性留下特别难忘的印象，她一心认定"便只合、长相聚"。但事与愿违，初欢后就是永久的分离，就在那"乱花狂絮"、春意阑珊的暮春时节。春归的景象已经令人感伤，而恰恰这时又触动了她对往日幽欢幸福与离别痛苦的回忆，愈加令人感伤了。"况值"两字用得极妙，一方面表示了由追忆回到现实的转换，另一方面又带出了触景伤情的原因。"直恐好风光，尽随伊归去"，"直恐"两字使用得很恰当，女主人公将春归与情人的离去联系起来，虽然事实上春归与人去是无内在联系的，将二者联系起来纯是情感的作用，更说明思念的强烈。"一场寂寞"是春归人去后最易感到的，但寂寞和苦恼的真正原因无法向任何人诉说，也不宜向人诉说，只有深深地埋藏在自己内心的深处。

　　词的下片转入抒写自身懊悔的情绪。"算前言、总轻负"，显然分

柳永词赏读

9

离的责任在女方，轻易地辜负了他的情意，于是她感到自责和内疚。再讲"早知恁地难拚，悔不当时留住"，她当初并没有想到离别后是如此的难以割舍。他不仅风流可爱，而且还品貌端正，远非一般浮华轻薄之徒可比。而且"更别有、系人心处"，这是她"难拚"的最重要的原因。结句"一日不思量，也攒眉千度"，形象地表现了这位妇女悔恨和思念的精神状态。攒眉即愁眉紧锁，是"思量"时忧愁的表情。每日都思念，而且总要忧思千次，可想见其思念的深切了。这两句的表述方式很别致，正言反说，语转曲而情益深。不思量已是攒眉千度了，则每日思量时又将如何，如此造语不但深刻，而且生动俏皮，十分传神。

## 笛 家 弄

花发西园，草薰[1]南陌，韶光明媚，乍晴轻暖清明后。水嬉舟动，禊饮[2]筵开，银塘似染，金堤如绣。是处王孙，几多游伎，往往携纤手。遣[3]离人、对嘉景，触目伤怀，尽成感旧。

别久。帝城[4]当日，兰堂[5]夜烛，百万呼卢[6]，画阁春风，十千沽酒[7]。未省[8]、宴处能忘管弦，醉里不寻花柳。岂知秦楼[9]，玉箫声断，前事难重偶[10]。空遗恨，望仙乡[11]，一晌消凝[12]，泪沾襟袖。

【注释】

1 草薰：青草发出的香气。

2 禊饮：被禊仪式上的宴饮。被禊为古代习俗，于三月上巳日往水边洗除尘垢，以被灾求吉。后专于三月三日举行。

3 遣：使。

4 帝城：京城。

5 兰堂：对厅堂的美称。

6 呼卢：掷骰子等博戏时发出的叫喊声。

7 十千沽酒：用李白《将进酒》："斗酒十千恣欢谑。"指珍贵的美酒。

8 未省：不能知道。

9 秦楼：歌伎所居之处。

10 重偶：再次相伴。

11 仙乡：原指神仙居住之所，此指京城的歌伎所居之处。

12 消凝：销魂凝魄，极度悲伤。

【赏析】

这首词写作者清明时节游览时对当年都市冶游生活的回忆以及羁旅异乡仕途失意的感伤，当是柳永后期滞留南方某地做地方官时的作品。

词的上片极力描写了目前所在之地的美景与欢娱，以衬托自己的落落寡欢。西园和南陌处处鲜花盛开，繁茂的青草散发着淡淡的香气，明媚的春光普洒大地，这正是清明时节暖洋洋的天气！在城外水边或在船上，有被灾求吉的宴席，人们嬉戏畅饮。环望四周，水明如镜，波光粼粼。堤坝上是随风而舞的柳枝，还有灿若群星的野花，这风光如同锦绣一般。处处是携伎游玩的公子王孙，这繁华的季节怎能不让我这孤独的游子思绪万千、悲从中来呢？

词的下片描写了对当年京都生活的回忆以及一切往事均已不再的感伤。当年作者在京城也度过了一段贵族的生活，那时曾和朋友、歌姬们在兰堂之上，秉烛夜饮，一边以掷骰子为戏，一边喝着名贵的美酒，动辄以百万相赌，真是春风得意！每次宴会总少不了丝竹，每次醉酒总少不了寻花问柳。哪里知道秦楼一别，和佳人再也难以重逢，繁华往事，一切都已成空！此时只能遥望京城空遗恨，一时间怅然销魂、泪落满襟。

## 倾 杯 乐

皓月初圆，暮云飘散，分明夜色如晴昼。渐消尽、醺醺[1]残酒。危阁迥[2]、凉生襟袖。追旧事、一晌[3]凭阑久。如何媚容艳态，抵死孤欢偶[4]。朝思暮想，自家空恁添清瘦。

算到头、谁与伸剖[5]。向道[6]我别来，为伊牵系，度岁经年，偷眼觑、也不忍觑花柳。可惜恁、好景良宵，未曾略展双眉暂开

柳永词赏读

口<sup>7</sup>。问甚时与你，深怜痛惜<sup>8</sup>还依旧。

**【注释】**

1 醺醺：酒醉的样子。

2 危阁迥：登上高阁远望。迥，远。

3 一晌：长时间。

4 抵死孤欢偶：偏偏是孤独一人。抵死，到死，偏偏；孤欢偶，缺少伴侣。

5 伸剖：申说。

6 向道：临道。

7 未曾略展双眉暂开口：愁眉不展，无心说话。

8 深怜痛惜：深切地相怜相惜。

**【赏析】**

这首词以内心独白的方式刻画了一位风尘女子对自己恋人刻骨铭心的相思。

词的上片写女主人公月夜的相思。明月初生，暮云散去，月光皎洁使夜晚如同白天一样。女主人公渐渐从醉酒中醒来，登上高楼，痴痴地看着远方，一股凉意弥漫在襟袖之间。倚着栏杆，她陷入了沉思：为什么自己天生丽质还要和曾经相爱的人长久地分别？朝思暮想，使得她如此的憔悴！

词的下片继续描写女主人的离愁别绪。在分别的漫长岁月中，她在忍受着相思的煎熬！竟然连窗外的春色都不敢偷看一眼，因为娇艳的春花、嫩绿的杨柳也会触动她的相思。正是因为愁肠百结，所以辜负了眼前的良辰美景，她从未略微地舒展眉头！你何时才能归来与我重逢？还能像以前那样对我怜惜依旧、深情依旧吗？

这首词从几个方面细致描写了歌伎细腻的内心活动，笔法婉曲多变。词的开始使用白描的手法描写皎洁的月色，渲染了一个明净的氛围。继而用大段的篇幅反复描写与情人一别之后的相思：由久久凭栏到朝思暮想，从空添清瘦到无人诉说，从分别以来的思念到今天的不敢觑花柳，从辜负良辰美景到渴望重逢，无一不是在倾诉对情人难以割舍的情意。其间还使用了许多当时的口语，如"抵死"、"算到

唐宋名家诗词赏读

头"、"自家空恁"等，显示出朴实自然的风格特征。

## 迎 新 春

嶰管变青律[1]，帝里阳和新布[2]。晴景回轻煦。庆嘉节、当三五[3]。列华灯、千门万户。遍九陌[4]、罗绮香风微度。十里然绛树[5]。鳌山耸[6]、喧天箫鼓。

渐天如水[7]，素月当午[8]。香径里、绝缨掷果无数[9]。更阑[10]烛影花阴下，少年人、往往奇遇。太平时、朝野多欢民康阜[11]。随分[12]良聚。堪对此景，争忍[13]独醒归去。

【注释】

1 嶰管：指箫笛等竹制乐器。青律：即青帝所司之音律。青帝为东方之神，亦为春神。

2 帝里：京城。阳和新布：到处是一片阳春之气。

3 三五：正月十五。

4 九陌：都城的大道。

5 然：通"燃"。绛树：神话传说中仙宫树名，亦为珊瑚的别称。

6 鳌山耸：宋时于元宵节夜，放花灯，堆叠彩灯为山形，称为鳌山。

7 渐天如水：满天月光如水。

8 当午：原指太阳当空，为正午时分。此处指午夜之时，月亮当头。

9 绝缨：指男人调笑女人。 掷果：指妇人调笑男人。

10 更阑：夜深。

11 康阜：安乐富庶。

12 随分：随处。

13 争忍：怎忍。

【赏析】

这首词主要描写了北宋京城欢庆元宵节的盛况，真实地再现了宋仁宗时期物阜民康的太平景象。

词的上片描写了元宵节时的热闹景象。词的开头以冬去春来为节日的来临奠定了一个温暖的基调，"帝里阳和新布"，京城里处处洒满阳光。正值元宵佳节，夜晚的京城千家万户张灯结彩。只见大街小巷到处都是出来观灯的游人，人们身着节日的盛装，处处是罗绮满眼，香气扑鼻。你看那绵延数十里之遥的是火树银花，就像是春风吹过，竟一下子开满了千树万树的花朵！特别是鳌山灯高耸的地方，聚集的人更多，那喧天的锣鼓笙箫声传遍四方。

　　词的下片描写人们在元宵节上的活动。渐渐地月上中天，时近午夜，但游人却游兴不减。大街小巷，青年男女纵情欢乐，嬉戏地闹个不停！朦胧的灯光下，演绎出一段段浪漫情缘。幸逢太平盛世，物阜民丰，人们都沉浸在欢庆的喜悦中。对此良辰美景，怎能忍心独自离去？

　　这首词的动人之处，不仅在于作者不惜笔墨详细描摹了元宵节的种种盛况，更在于作者字里行间洋溢着的那种对欣逢太平盛事的喜悦之情。他乐此不疲地渲染着节日的快乐和喜庆，津津乐道青年男女在节日街头发生的爱情故事，也表现了他的平民心态。


## 曲 玉 管

　　陇首[1]云飞，江边日晚，烟波满目凭阑久。立望关河[2]，萧索千里清秋。忍凝眸[3]。

　　杳杳[4]神京，盈盈仙子，别来锦字终难偶[5]。断雁[6]无凭，冉冉[7]飞下汀洲。思悠悠。

　　暗想当初，有多少、幽欢佳会，岂知聚散难期，翻成雨恨云愁[8]。阻追游[9]。每登山临水，惹起平生心事，一场消黯[10]，永日[11]无言，却下层楼。

【注释】

1 陇首：山头。

2 关河：此处泛指一般山河。

3 忍凝眸：即不忍凝眸，不忍看。

4 杳杳：远貌。

5 锦字：据《晋书》载，前秦秦州刺史窦滔被流放到流沙，其妻苏惠思之，织锦为回文旋图诗以赠窦滔，共三百四十字，可循环读之，词甚凄惨。难偶：难以成双。

6 断雁：失群孤雁。

7 冉冉：缓慢地。

8 雨恨云愁：古人常以云雨喻男女欢爱，此处指男女欢爱的失意。

9 阻追游：停止这漫漫的追思。

10 消黯：黯然销魂。

11 永日：长日。

【赏析】

这首词抒写了羁旅途中怀旧伤离的情绪。

此词的上片写眼前所见之景，"陇首"三句，化用梁代诗人柳恽的名句"亭皋木叶下，陇首秋云飞"，这又是对词人眼前景物的描绘。"云飞"、"日晚"，隐含"凭阑久"。云、日、烟波皆凭阑所见，而且有远近之分。一眼望过去，由近及远，由实而虚，千里关河，可见而又不能尽见。此段五句都是写景，却仅用"忍凝眸"三字，极写对景怀人、不堪久望之意，便将内心活动全部贯注到上面的景物之中，做到了情景交融。

中片先写情，后写景。"杳杳"三句，接续"忍凝眸"而来。"杳杳神京"，写所思之人远在汴京，"盈盈仙子"，则透露了所思之人的身份。唐宋诗词中常以仙女指娼伎或女道士，词人所思之人可能是汴京的一位歌伎。"锦字"化用窦滔、苏蕙夫妻的典故。作者和这位"仙子"虽然不是夫妻，但其落第出京与窦滔获罪远徙有近似之处。"仙子"虽然想寄予"锦字"传递相思的消息，但是他们终难相会。鸿雁本可传书，而却"断雁无凭"，她终究没有寄来书信。雁给人传书，无非是个传说或比喻，所以眼前鸿雁"冉冉飞下汀洲"，更写出了词人既得不着信又见不了面的惆怅心情。"思悠悠"三字，总结了中片之意，与上片"忍凝眸"遥相呼应，情感更递进了一层。

下片则是"思悠悠"的铺叙。今日之惆怅，实缘于旧日之欢情，

柳永词赏读

15

"暗想"四句概括往事，写其先相爱、后相离、继相思、难再见的愁恨心情。"阻追游"三字，包括了多少难以言说的辛酸。回到当前之时，却又荡开一笔，略作波折，指出这种"忍凝眸"、"思悠悠"的情状，并不是这一次，每次"登山临水"就"惹起平生心事"，黯然销魂，只能默默无语。"却下层楼"，遥接"凭阑久"，使整首词血脉贯通。

## 满 朝 欢

花隔铜壶[1]，露晞金掌[2]，都门十二清晓。帝里风光烂漫，偏爱春杪[3]。烟轻昼永，引莺睇上林[4]，鱼游灵沼[5]。巷陌乍晴，香尘[6]染惹，垂杨芳草。

因念秦楼彩凤[7]，楚观朝云[8]，往昔曾迷歌笑。别来岁久，偶忆欢盟重到。人面桃花，未知何处，但掩朱扉悄悄。尽日伫立无言，赢得凄凉怀抱[9]。

【注释】

1 铜壶：古代计时的工具。

2 露晞金掌：汉武帝迷信方术，求露水饮之以求长寿。在神明台上立铜仙人，以掌接露水。

3 春杪：即杪春，指暮春时节。

4 上林：即上林苑，在长安，是秦、汉帝国君主游赏、打猎的禁苑。此指汴京的禁苑。

5 灵沼：宫中的池泽。

6 香尘：沾带花粉的尘土。

7 秦楼彩凤：指娼家歌伎。彩凤，歌伎的名字。

8 楚观朝云：指娼家歌伎。朝云，歌伎的名字。

9 怀抱：情绪。

【赏析】

这首词写词人重游京都时被春光所吸引，由此想起了昔日相恋的歌伎，但当他去寻访时却人去楼空，让作者感到无尽的凄凉。

唐宋名家诗词赏读

词的上片主要是对京城春色的描写。暮春时节的早晨，铜人手掌上的露水已经干了，京城迎来了一个风光独好的清晨。你看这里的春天多么有生机，袅袅的轻烟，黄莺儿在树林里尽显它婉转的歌喉，鱼儿在池塘中欢快地游。雨后初晴的阳光洒满大地，垂柳依依、芳草萋萋，大街小巷飘荡着鲜花的气息。

词的下片写词人寻访歌伎而不遇的惆怅。在这明媚的春光里，词人禁不住想起了他相识相知的歌伎们。别来已久，相约欢会的日子又到了。当作者兴冲冲地来到往日欢会的地方，谁知人去楼空，却不知思念的人儿身处何地？只能怔怔地伫立无语，落得个满腹的伤感凄凉！

和其他写歌伎的词一样，这首词读完以后也让人怅恨不已，这不仅是由于寻访故人不遇，并由此而感发的对往日欢乐、青春年华已逝的感伤，或许还有奔波京华、羁旅他乡的凄凉。有时不经意之中遇到的美好事物，当刻意去追寻时已经一切成空了，岂不令人愁怅感慨？

# 梦还京

夜来匆匆饮散，欹[1]枕背灯睡。酒力全轻[2]，醉魂易醒，风揭帘栊[3]，梦断披衣重起。悄无寐。

追悔当初，绣阁话别太容易。日许时[4]、犹阻归计。甚况味[5]。旅馆虚度残岁。想娇媚。那里[6]独守鸳帏静。永漏[7]迢迢，也应暗同此意。

【注释】

1 欹：斜倚着。

2 酒力全轻：即酒力不足，未能使人沉醉。

3 栊：窗户。

4 日许时：许多时日，即时间太久。

5 况味：境况和情味，犹言滋味。

6 那里：哪里。

7 永漏：长长的更漏，指长夜。

**【赏析】**

这首词记叙柳永一次酒后对情侣的思念,并把这种刻骨铭心的相思和做客他乡漂泊无定的感慨融合在一起。

词的上片渲染了词人的"愁",他匆匆喝完了酒,回到旅馆,背着灯斜靠着枕头睡去。但是酒力太弱,醉后很容易就醒了。披衣坐起,只看见风儿轻轻地吹开窗帘,阵阵寒意袭来,让人黯然神伤。词人匆匆喝酒,目的是为了匆匆睡去,他一定有烦心的事缠绕,所以才买醉消愁。酒后的他偏偏又是匆匆醒来,而且"披衣重起",表明他愁苦的深重。但他究竟在忧愁什么?处处见愁,却又无一处说破,可谓明朗中见含蓄。

词的下片主要写作者对情人的思念,极尽往还回复之致。词人先是后悔当初那么轻易地与她分别,之后却因为重重阻隔而不得相聚整日整夜滞留在旅馆中虚度岁月,转眼一年又要过去。想此时的她也一定独守鸳帐,面对孤灯在寂静的深夜思念我吧!词人由自己的相思设想对方也在想念自己,从而把两个人心有灵犀、彼此牵挂的深情表现出来,也使得自己情感表达更加回环往复、缠绵悱恻!郑文焯曾评价云:"柳词浑妙深美处,全在景中人,人中意,而往复回应,又能寄托清远,达之眼前,不嫌凌杂。"

# 凤衔杯

有美瑶卿能染翰[1]。千里寄、小诗长简。想初襞苔笺[2],旋挥翠管[3]红窗畔。渐玉箸、银钩[4]满。

锦囊收[5],犀轴卷[6]。常珍重、小斋吟玩[7]。更宝若珠玑,置之怀袖时时看。似频见、千娇面。

**【注释】**

1 有美瑶卿:美丽的瑶卿。卿,是对女子的昵称;瑶,寄信女子的名字。染翰:指赋诗作文。

2 襞苔笺:指折纸题诗。襞,原指折叠衣裙;苔笺,纸名。

3 翠管:饰以翠羽的毛笔。

4 玉箸、银钩：形容笔画之美。古人常以玉箸指小篆，以银钩指草书。

5 锦囊收：用锦囊收起。

6 犀轴卷：卷之以犀轴。以犀牛角做轴以示珍贵。

7 小斋吟玩：小斋后才吟玩。小斋：戒斋，以示尊崇之。斋，一说指书房。

【赏析】

这首词写作者收到一位能诗能文的佳人的书信后的心情，包含着对佳人才艺的欣赏和思念。

词的上片写词人对这位名叫瑶的佳人的书法和文学才华的赞赏。美丽的瑶能诗能文，她从千里之外寄来了一首诗和一封长信。看完后，词人的眼前不禁呈现出她书写时的样子：红红的小轩窗边，她挥动着翠色的毛笔，优雅地书写着，不论是小篆还是草书，都是那么优美。

词的下片主要写词人对瑶的书信的珍爱。作者把它用锦囊收起，用犀轴卷起，经常在书房中把玩欣赏。不时把它放在怀中、衣袖中，随时翻看。每次看到书信就好像看到她千娇百媚的容颜一般。

这首词仅仅叙述了收到来信这样一件小事，章法、语言、情节都简单明了。虽然词里并没有对两人的感情做细腻的描摹，但从男主人公对这封信的珍爱中我们可以想象他们感情的惊心动魄。

# 凤 衔 杯

追悔当初孤深愿[1]。经年价[2]、两成幽怨[3]。任越水吴山，似屏如障堪游玩。奈独自、慵抬眼。

赏烟花[4]，听弦管。图欢笑、转加肠断。更时展丹青[5]，强拈书信频频看。又争似[6]、亲相见。

【注释】

1 孤深愿：一本作"辜深愿"，有负初衷之意。

2 经年价：数年来。

3 两成幽怨：指二人相互思念。后世李清照之"一种相思，两处闲愁"与此同旨，然更见手段之高妙，趣味之清雅。

4 烟花：春天景色。

5 丹青：原指绘画，此处指来书墨迹。

6 争似：怎似。

【赏析】

此词与上首词同一旨趣。写词人做客他乡时对恋人的思念之情。

词的首句"追悔当初孤深愿"，开门见山地倾诉了对自己当初轻易别离而游宦他乡的后悔。"经年价、两成幽怨"，数年来的分别，让天各一方的恋人饱尝了思念之苦。"任越水吴山，似屏如障堪游玩"，虽然吴越的山水如画，但词人刻骨的相思让他没有情绪去欣赏，所以他"奈独自、慵抬眼"，虽有山水之美，管弦之乐，但旧情萦绕，这些只能徒增忧思。此所谓以乐景写哀情，愈加可悲可叹也。为了排遣内心的忧愁，词人"赏烟花，听弦管"，但是这些"图欢笑"的举措，最终更让他肠断百结。"更时展丹青，强拈书信频频看"，虽然他们鸿雁传情，时常借书信来表达相思，互相安慰，"又争似、亲相见"，哪里比得上两相厮守、双宿双飞呢？

## 鹤冲天

闲窗漏永[1]，月冷霜华[2]堕。悄悄下帘幕，残灯火。再三追往事，离魂乱、愁肠锁。无语沉吟坐。好天好景，未省展眉则个[3]。从前早是多成破[4]。何况经岁月，相抛彈[5]。假使重相见，还得似、旧时么？悔恨无计那[6]。迢迢良夜，自家只恁摧挫[7]。

【注释】

1 闲窗：闲坐窗旁。漏永：夜长。

2 霜华：霜花。

3 未省展眉则个：即不曾展眉，谓心情不好。未省，未知；则个，语助词，表动作在进行中。

4 成破：破灭，无结果。

5 抛掸：相弃。掸，同"躲"，不再相见。

6 无计那：无可奈何。

7 摧挫：折磨。

【赏析】

这首词写的是歌伎的离愁别绪，其中有女主人公对往事的痛苦回忆与懊悔，也有对未来无可奈何的猜测，流露出作者对被伤害的歌伎们的同情。

词是从对女主人公清冷的居住环境的描写开始的，在一个寂静的月夜，她一个人辗转反侧，听着滴不尽的更漏，对着静悄悄的窗儿，往事悠悠，涌上心头。她悄悄放下帘幕，屋里的灯已经快要燃尽了，在这清冷的夜里，她沉浸在对往事甜美的回忆中，就像陶醉在甜美的梦里。突然醒来，一切都已经成为虚幻，这让她更加失魂落魄。眼前的月色如水，但是良辰美景却舒展不开她紧皱的眉头。想当初她那颗敏感的心已经觉察到他对自己的淡漠，更何况又经历了这么漫长的分别。假使再重逢，他还能对我温情依旧吗？现在后悔也于事无补，只能在这漫长的夜晚承受着那无尽的折磨。

这首词真实而细致地描摹了女主人公婉转曲折的心理：她先是想到过去"多成破"的感情危机，然后猜测漫长的分别后对方对自己的想法，接着假设"重相见"时情景，转而又是对往事的后悔，后悔又无计可施，只有无语独坐。这首词还善于用景物来渲染人物的心理，"闲窗漏永"的寂寥、"月冷霜华堕"的清冷，都暗示了女主人公这时的心情。

## 受 恩 深

雅致装庭宇。黄花开淡泞[1]。细香明艳尽天与[2]。助秀色堪餐[3]，向晓自有真珠露。刚被金钱妒。拟买断秋天，容易独步[4]。

粉蝶无情蜂已去。要上金尊[5]，惟有诗人曾许。待宴赏重阳，恁时尽把芳心吐。陶令轻回顾。免憔悴东篱，冷烟寒雨[6]。

**【注释】**

1 黄花淡泞：菊花淡泊地开放。黄花，菊花；淡泞，淡泊。

2 天与：天所授予。

3 秀色堪餐：形容妇女的美貌或花木秀丽。

4 "拟买断"二句：指菊花占尽秋色。

5 金尊：金酒杯。

6 "陶令"三句：言菊花于重阳盛放之时，虽无蜂蝶缠绻，却可得高洁之士陶渊明的青睐，也免去在冷烟寒雨之中黯然憔悴于东篱之下。陶令，陶渊明曾任彭泽县令，故称陶令；"轻回顾"、"东篱"，典出陶渊明诗《饮酒》："采菊东篱下，悠然见南山。"

**【赏析】**

这是一首咏菊花的咏物词。正当秋高气爽的时候，淡雅的菊花开满屋前屋后，把整个庭院装饰一新。淡黄的花朵让人忘记世俗的烦扰，心胸淡泊如水。菊花那淡淡的清香、明净艳丽的姿态多么迷人，肯定是上天特意赐予的。虽然金钱花很嫉妒它，但是独占秋天的，不是淡雅迷人的菊花还有谁呢？但是菊花的美丽却是很少能有人真正领略，你看，流连于春天的蜜蜂和蝴蝶已不见踪影。只有那些诗人，端着酒杯，对着菊花吟诵着动人的诗篇。等到重阳佳节，菊花就会盛放，那时它也会把一颗芳心向诗人倾诉。还有高士陶渊明于东篱之下频来眷顾，更免去黯然神伤于寂寞无人赏之境地。

这首词在表现菊花的清高及文人雅士对它欣赏的同时，不无 词人深微隐曲之寄托。词人科场失利，身世飘零，在这首词中也寓含着得到知己欣赏的渴望。

## 看 花 回

屈指劳生[1]百岁期。荣瘁[2]相随。利牵名惹逡巡[3]过，奈两轮[4]、玉走金飞[5]。红颜成白发，极品何为。

尘事[6]常多雅会[7]稀。忍不开眉。画堂歌管深深处，难忘酒盏花枝。醉乡[8]风景好，携手同归。

【注释】

1 劳生：辛劳奔波的一生。

2 荣瘁：荣辱，这里指政治生涯中的穷达，或得志，或失意。

3 逡巡：迟疑不决而徘徊或不敢前进。

4 两轮：指太阳和月亮。

5 玉走金飞，日月运行迅速，即说光阴流逝很快。玉走，即月亮运行；金飞，即太阳飞逝。

6 尘事：俗事。

7 雅会：美好的相会。

8 醉乡：指沉湎于醉酒之中。

【赏析】

这首词反映了词人超脱世俗的感情，他看破现实生活中的名和利，以温柔乡里及时行乐作为人生的归宿，表现了词人复杂悲凉的人生感慨。

本词的上片感叹时光飞逝，总结了自己多年来追名逐利的碌碌生涯。词人在名利之前的彷徨由来已久，"利牵名惹逡巡过"已经多年，现在红颜已成白发，往日的青春已经不再，这时的我即使身居高官，人生又有什么快乐？

词的下片写自己的人生理想。人生最惬意、最快乐的莫过于在温柔乡中及时行乐，有美酒相伴，在良辰美景中和佳人携手同归。

柳永的人生理想是对传统价值观念的背叛，他对名和利的怀疑和蔑视，可能是他多年来困顿科场、干谒无成的愤慨之词。柳永的大彻大悟蕴涵着悲凉的人生感慨，表现出他思想复杂的一面。

## 看 花 回

**玉砌金阶舞舜干**[1]**。朝野多欢。九衢三市**[2]**风光丽，正万家、急管繁弦。凤楼**[3]**临绮陌，嘉气非烟**[4]**。**

**雅俗熙熙物态妍。忍负**[5]**芳年。笑筵歌席连昏昼，任旗亭**[6]**、斗酒十千。赏心何处好，惟有尊前**[7]**。**

【注释】

1 舞舜干：意为德教被于天下，天下祥和大治。干，即盾，古舞者执之以舞。

2 九衢三市：泛指都城之内。

3 凤楼：原指宫内楼阁，此指一般妇人所居之处。

4 非烟：象征喜气。

5 忍负：不忍辜负。

6 旗亭：酒楼。因斜挂酒幌，故称。

7 尊前：杯前。

【赏析】

这首词上片颂扬天下太平，"九衢三市风光丽，正万家、急管繁弦"，描写城市的繁华和千家万户的管弦之乐，写出了国家太平、物阜民康的盛世景象，写景阔达，非常具有概括力。词的下片写词人及时行乐、千金买醉的放荡生活。因为身值太平盛世，所以"雅俗熙熙物态妍"。作为风流倜傥的少年书生怎能辜负美好的青春？"笑筵歌席连昏昼，任旗亭、斗酒十千。赏心何处好，惟有尊前"，词人所渴慕的是夜以继日的酣饮，这种对狂放生活的眷恋，包含着词人少年时期对盛世的歌颂和对幸福生活的向往。

# 两 同 心

嫩脸修蛾[1]，淡匀轻扫[2]。最爱学、宫体梳妆，偏能做、文人谈笑。绮筵前、舞燕歌云[3]，别有轻妙。

饮散玉炉烟袅。洞房悄悄。锦帐里、低语偏浓，银烛下、细看俱好。那人人[4]，昨夜分明，许伊偕老[5]。

【注释】

1 修蛾：长长的细眉。

2 淡匀轻扫：谓均匀而淡淡地敷施脂粉。

3 舞燕歌云：舞如赵飞燕，歌声响遏行云。

4 人人：对于所昵者之称。

5 许伊偕老：许诺与他白头偕老。

【赏析】

这是一首歌咏歌伎的词。上片描写了歌伎的体态举止。"嫩脸修蛾，淡匀轻扫"，写她美艳的面容。"最爱学、宫体梳妆，偏能做、文人谈笑。绮筵前、舞燕歌云，别有轻妙"，写她高超的才艺，她不唯美艳，而且还能歌善舞，谈吐不凡，惹人怜爱。下片则写其情深意切，"锦帐里、低语偏浓，银烛下、细看俱好"，真是一位柔情如水的女子。小词轻描淡写，风情摇曳，体现了柳永咏伎词的特点。

# 两 同 心

伫立东风，断魂南国。花光媚、春醉琼楼，蟾彩[1] 迥、夜游香陌。忆当时、酒恋花迷，役损[2] 词客。

别有眼长[3] 腰搦[4]。痛怜深惜。鸳会阻、夕雨凄飞，锦书断、暮云凝碧[5]。想别来，好景良时，也应相忆。

【注释】

1 蟾彩：月光。古代神话月中有蟾蜍，故称月为蟾。

2 役损：劳损。

3 眼长：眼眉细长，俗所谓凤眼，古人所喜。

4 腰搦：腰细而柔软。搦，可满把抓握之意。

5 凝碧：凝成碧玉之色。比喻云浓。

【赏析】

这首词可能作于羁旅南方时，是回忆自己相知的佳人的怀旧之作。那是一个明媚的春天，词人客居南方，他迎着煦暖的东风长久地站立，心中思绪万千。当初和佳人相逢的时节也像现在一样，那时的她面带春色，醉意朦胧。深夜时分陪伴她走在香气四溢的小路上，月色是那么皎洁！那如醉如梦的往事浮现眼前，只会使漂泊异乡的游子备感神伤。难忘佳人回眸一笑，难忘她轻盈的腰肢，袅娜的舞步，谁知一别之后音信全无，眼前只有凄凉的夕雨和聚拢的暮云，怎能不令词人愁肠百结。想必此时的佳人也在饱尝着相思之苦吧！

刘熙载《艺概》中说："耆卿《两同心》云：'酒恋花迷，役损词客。'余谓此等，只可名迷恋花酒之人，不足以称词客，词客当有雅量高致者也。"的确，柳永的词没有多深刻的思想意义，他的艳情词只是对世俗生活的留恋，感情很真挚。词以词人长久地在风中伫立开头，以词人在"夕雨"、"暮云"中黯然神伤结束，这使得整首词笼罩着的那股忧伤之情变得绵长醇厚。

# 女 冠 子

断云[1]残雨[2]。洒微凉、生轩户。动清籁、萧萧庭树[3]。银河浓淡，华星[4]明灭，轻云时度[5]。莎阶寂静无睹[6]。幽蛩[7]切切秋吟苦。疏篁[8]一径，流萤几点，飞来又去。

对月临风，空恁[9]无眠耿耿，暗想旧日牵情处。绮罗[10]丛里，有人人、那回饮散，略曾[11]谐鸳侣。因循忍便睽阻[12]。相思不得长相聚。好天良夜，无端惹起，千愁万绪。

**【注释】**

1 断云：残云。

2 残雨：大雨过后的零星小雨。

3 动清籁、萧萧庭树：庭中树在微风中发出萧萧的声响。

4 华星：对星星的美称。

5 时度：不时地掠过。

6 莎阶寂静无睹：言莎草、台阶等在星月的光芒下，浑然一色，分辨不清。莎阶，长满莎草的台阶。

7 幽蛩：幽僻深处的蟋蟀。

8 疏篁：疏竹。

9 空恁：如此空寂。

10 绮罗：华丽的服饰，此指歌伎。

11 略曾：时间短暂。

12 "因循"句：怎忍如此长久地分离下去。因循，如此不变；睽阻，分离、阻隔。

【赏析】

　　该词写思念昔日相知的歌伎。词先以白描的手法描写了作者的居住环境，一阵秋雨过后，天上挂着几朵残云，庭院里的树木被秋风吹得萧萧作响，屋内屋外处处带着凉意。夜里天气转晴了，星星忽明忽暗，银河时浓时淡，薄如蝉翼的云彩在天上飘去飘来。庭院内静悄悄的，莎草长满了台阶，切切不绝的是蟋蟀的苦吟声，稀疏的竹林间晃动着几只萤火虫。在这寂静的月夜里，孤独的词人把酒临风，一夜无眠，他的心早已飞到了那魂牵梦绕的地方。记得当年一场欢宴之后，在花团锦簇的人群中，他们一见钟情。自从分别之后，只剩下这漫长的相思。最恼恨的就是良辰美景了，它是最容易牵动那无边的离愁别恨的。

　　这首词的景物描写很精彩，作者从各方面展现了一幅萧飒的秋景图。云是"断云"，雨是"残雨"，树木"萧萧"，幽蛩"切切"，流萤"几点"。这样的时空环境，一切都是零落的、孤独的、衰败的、饱尝相思之苦的孤独的词人怎能不黯然神伤。

　　柳永写所怀念的女子，并不像晚唐温庭筠等着重描写女子的体态和容颜，而是把女子的形象抽象化，只写当时酒宴上的一个印象，而且还写得很模糊，但却能表现作者那种最真挚的感受，这是柳永把词雅化的一个手段。

## 雨　霖　铃[1]

　　**寒蝉凄切，对长亭晚，骤雨[2]初歇。都门帐饮[3]无绪[4]，留恋处，兰舟[5]催发。执手相看泪眼，竟无语凝噎[6]。念去去[7]，千里烟波，暮霭沉沉楚天阔[8]。**

　　**多情自古伤离别，更那堪冷落清秋节！今宵酒醒何处？杨柳岸、晓风残月。此去经年[9]，应是良辰好景虚设。便纵有千种风情[10]，更与何人说？**

【注释】

1 此调原为唐教坊曲。相传唐玄宗避安禄山乱入蜀，时霖雨连

柳永词赏读

日，栈道中听到铃声。为悼念杨贵妃，便采作此曲，后柳永用为词调。又名《雨霖铃慢》。

2 骤雨：阵雨。

3 都门帐饮：在京都郊外搭起帐幕设宴饯行。

4 无绪：没有情绪，无精打采。

5 兰舟：据《述异记》载，鲁班曾刻木兰树为舟。后用作对船的美称。

6 凝噎：悲痛气塞，说不出话来。一作"凝咽"。

7 去去：重复言之，表示行程之远。

8 暮霭：傍晚的云气。沉沉：深厚的样子。楚天：南天。古时长江下游地区属楚国，故称。

9 经年：一年又一年。

10 风情：男女恋情。

## 【赏析】

这首词是抒写离情别绪的千古名篇，也是柳词甚至是宋代婉约词的杰出代表。词人将他离开汴京与恋人惜别时的真情表达得缠绵悱恻、凄婉动人。全词起伏跌宕，声情并茂，是宋元时期流行的"宋金十大曲"之一。

词的上片写临别时的情景，"寒蝉凄切，对长亭晚，骤雨初歇"，起首三句写别时之景，点明了地点和节序。《礼记·月令》云："孟秋之月，寒蝉鸣。"可见他们分别的时间大约在农历七月。词人并没有停留在对自然景物的纯客观的铺叙上，而是通过对景物的描写，渲染了分别时的萧索氛围，融情入景，景物中暗寓着离情和别意。秋季、暮色、骤雨、寒蝉，词人所见所闻，无处不凄凉。"对长亭晚"一句，中间插刀，极尽顿挫吞咽之致，更准确地传达了这种凄凉况味。这三句景色的铺写也为后两句的"无绪"和"催发"设下伏笔。"都门帐饮"，出自梁代江淹的《别赋》："帐饮东都，送客金谷。"词人的恋人在都门外的长亭摆下酒筵给他送别，然而面对美酒佳肴，词人毫无兴致。更让人懊恼的是"留恋处，兰舟催发"，一边是留恋情浓，一边是兰舟催发，写出了离别的紧迫，虽然这是用直笔叙述当时的真实情景，但却直而能纡，深化了分别时浓重的别愁。于是后面便迸出"执

唐宋名家诗词赏读

手相看泪眼，竟无语凝噎"二句，分别时有万语千言，但是两人都不知从何说起，况且还有船夫的催促！此时只有凝望的双眼和默默的泪水能传递彼此的深情，真是"此时无声胜有声"！"念去去"以下是词人内心的独白。"念"字用得好，上承"凝噎"而自然一转，下启"千里"以下而一气流贯。"念"字后"去去"二字连用，则愈益显示出激越的声情，读时一字一顿，遂觉去路茫茫，路途遥远。"千里"以下，景色如绘。既曰"烟波"，又曰"暮霭"，更曰"沉沉"，设色一层浓似一层；既曰"千里"，又曰"阔"，路途一程远似一程。道尽了恋人分手时难舍难分的别情。

　　词的下片主要写别后情景。词人先泛论离情，"多情自古伤离别"意谓伤离惜别自古皆然。接以"更那堪冷落清秋节"一句，则极言时为冷落凄凉的秋季，离情更甚于常时。"清秋节"一词，和起首三句前后照应，针线极为绵密，而冠以"更那堪"三个虚字，则加强了感情色彩。"今宵"二句想象今宵旅途中的况味，遥想不久之后一舟临岸，词人酒醒梦回，却只见习习晓风吹拂萧萧疏柳，一弯残月高挂杨柳梢头。客情之冷落，风景之清幽，离愁之绵邈，完全凝聚在这幅凄清的画面之中。这是全篇之警策，也是流传千古的名句。近人刘熙载《艺概·词概》中说："词有点，有染。柳耆卿《雨霖铃》云：多情自古伤离别，更那堪冷落清秋节。今宵酒醒何处？杨柳岸、晓风残月。上二句点出离别冷落，'今宵' 二句乃就上二句意染之。点染之间，不得有他语相隔，隔则警句亦成死灰矣。"也就是说，这四句密不可分，构成了一个完整而和谐的意境。"此去经年"四句，改用情语。他们相聚之日，每逢良辰美景，总感到欢娱；可是别后非止一日，年复一年，纵有良辰美景，也引不起欣赏的兴致，只能徒增怅惘而已。"此去"二字，遥应上片"念去去"；"经年"二字，近应"今宵"，时间与思绪上均是环环相扣、步步推进。"便纵有千种风情，更与何人说"，以问句结束全词，犹如奔马收缰，大有收而不住之势。

　　词人善于把传统的情景交融的手法运用到慢词中，把离情别绪的感受，通过具有画面性的境界表现出来，意与境会，构成一种诗意美的境界，让读者感受到了强烈的艺术感染力，成为流传千古的名篇。

# 定 风 波

伫立长堤，淡荡[1]晚风起。骤雨歇、极目萧疏[2]，塞柳[3]万株，掩映箭波[4]千里。走舟车向此[5]，人人奔名竞利。念荡子[6]、终日驱驱[7]，觉乡关转迢递。

何意[8]。绣阁[9]轻抛，锦字难逢，等闲[10]度岁。奈泛泛[11]旅迹，厌厌[12]病绪，迩来谙尽[13]，宦游滋味。此情怀、纵写香笺，凭谁与寄。算孟光、争得知我[14]，继日添憔悴。

【注释】

1 淡荡：晚风飘拂貌。

2 萧疏：草木稀疏的边关景象。

3 塞柳：边塞之柳。

4 箭波：奔流迅急之河流。

5 "走舟车"句：意为人们或乘车，或行舟来到这里。走，奔走。

6 荡子：游子。

7 驱驱：四处奔走，舟车劳顿的样子。

8 何意：为何。

9 绣阁：妻子的居处，此指妻子。

10 等闲：平常，随便，此处有浪费光阴的意思。

11 泛泛：漂泊不定。

12 厌厌：形容情绪低沉。

13 谙尽：熟悉，明白。

14 "算孟光"句：即便如孟光这样的贤妻，也未必知道我心中的苦衷。孟光：孟光貌丑而力大，三十不嫁，后嫁给梁鸿，两人相敬如宾。后人以孟光为贤妻之榜样。

【赏析】

这首词抒发了羁旅他乡的乡愁、对宦游生活的厌倦以及对妻子的思念之情，可能是词人宦游西部时的作品。

唐宋名家诗词赏读

词的上片首先出现的是柳永羁旅行役词中常见的"伫立"者形象，他孤独地站在异乡的长堤上，不知站了多久，直到阵阵晚风吹过，他在沉思什么？可能是一个孤独的游子在反省自己的人生吧！一场阵雨过后，极目望去，只有边塞萧疏的垂柳，无边无际、绵延千里。人们不辞舟车劳顿，风尘仆仆地来到这里，究竟为了什么？就是为了毫无意义地追名逐利！家乡越来越远，乡愁越来越浓。当时那么轻易地离开故乡，和心爱的人分离，到如今连她的书信都难以收到，就这样等待了一年又一年。上片所写的"伫立"者是多么的无奈又无助。

词的下片着重写词人的宦游滋味。词人无奈地终日漂泊在外，旅途漫漫、愁绪满怀，特别是近日，更让人充分体味了宦游他乡的滋味。这种滋味纵然写进书信里，谁又能代为传达呢？即使爱人如孟光一样贤惠，她又怎能知道我在这里每天都要添一分愁绪而日渐憔悴呢？

作者这种宦游滋味是一种很复杂的情感，既有对越来越远的家乡的深深的思念，又有对为了名利辗转奔走的厌倦；既有对闺中佳人的思念，又有轻易抛家离舍的悔恨。所以，即使是贤如孟光的佳人也难以理解他的苦衷。

## 尉 迟 杯

**宠佳丽。**算九衢[1]红粉皆难比。天然嫩脸修蛾[2]，不假施朱描翠。盈盈秋水[3]。恣[4]雅态、欲语先娇媚。每相逢、月夕花朝，自有怜才深意[5]。

**绸缪[6]凤枕鸳被。**深深处、琼枝玉树[7]相倚。困极欢余，芙蓉帐暖，别是恼人情味[8]。风流事、难逢双美[9]。况已断、香云[10]为盟誓。且相将[11]、共乐平生，未肯轻分连理[12]。

柳永

**【注释】**

1 九衢：四通八达的大道，此指汴京城。

2 修蛾：指女子修长的眉毛。

3 秋水：此指柔媚的目光。

4 恣：呈现，卖弄。

5 怜才深意：对对方的品貌才能深深爱怜。

6 绸缪：缠绵。

7 琼枝：喻美貌女子。 玉树：喻才士。

8 恼人情味：令人寻思，抛舍不开的情意。

9 双美：才子、佳人谓之双美。

10 香云：指有香味的头发。

11 相将：相互依伴。

12 连理：两株草木，枝干相连，后人以喻恩爱夫妻。

**【赏析】**

此词写与一个歌伎的一段爱情，词中描摹了情人的美貌和情态，以及二人的相互依恋，末句表示了永不分离的决心。末几句多用转折语词，显然，在那一分绸缪背后，隐藏着对分别的担忧和恐惧。

## 慢 卷 绸

闲窗[1]烛暗，孤帏夜永，欹枕难成寐。细屈指寻思，旧事前欢，都来[2]未尽，平生深意。到得如今，万般追悔。空只添憔悴。对好景良辰，皱着眉儿，成甚滋味。

红茵[3]翠被。当时事、一一堪垂泪。怎生[4]得依前，似恁偎香倚暖[5]，抱着日高犹睡。算得伊家[6]，也应随分[7]，烦恼心儿里。又争似从前，淡淡相看，免恁牵系[8]。

**【注释】**

1 闲窗：闲坐窗前。

【赏析】

此词写相思之情。抒情主人公的性别虽不能明了，而其辗转难眠、急切相思之情，描写得非常细腻。其所"万般追悔"的，显然是离别之事。孤独之中，只能以回忆来添补感情的真空，而愈是回忆则思念愈切，故云"未尽平生深意"。"对好景良辰"下三句，言不忍独乐，这种句子柳词中屡见，可见其心地敏感、柔弱。下片后半部分从对方着想、温情脉脉、感人至深。"淡淡相看"一句，极平实，而在离别之中重新体味，则醇厚醉人，为至情之语。

# 征 部 乐

雅欢幽会，良辰可惜虚抛掷[1]。每追念、狂踪旧迹[2]。长只恁、愁闷朝夕[3]。凭谁去、花衢[4]觅。细说此中端的[5]。道向我、转觉厌厌[6]，役梦劳魂[7]苦相忆。

须知最有，风前月下，心事始终难得。但愿我、虫虫[8]心下，把人看待，长以初相识[9]。况渐逢春色。便是有、举场[10]消息。待这回、好好怜伊，更不清利拆。

【注释】

1 "雅欢"二句：雅欢幽会的良辰，可惜现在没有，时光白白浪费在这孤独之中。

2 狂踪旧迹：指过去漂泊流离的生活。

3 "长只恁"句：过去的流离生活，只是整日的愁闷。

4 花衢：花街，妓院集中之街道。

5 端的：原委，究竟。

6 厌厌：厌倦，精神不振。

7 役梦劳魂：漂泊辛劳之魂梦。

8 虫虫：伎名，又称虫娘。此伎可能与柳永保持了相当长的一段时间的爱情。

9 "把人"二句：言不要与人深交。

10 举场：进士入京会试的考场。

**【赏析】**

这首词主要描写了作者对往日的情人——歌伎虫虫的思念之情。

词的上片铺叙了词人对虫虫的思念。面对今天的良辰美景,可惜不能和昔日的情人虫虫相聚,真让人感到惆怅不已!每当想起往日在京城中夜夜笙歌的放浪生活,想起心爱的女子那清越的歌声、婆娑的舞姿,就让人对羁旅他乡的游子生涯感到愁闷不堪。谁能替我去虫虫那里传达我对她夜夜魂牵梦绕的相思?

词的下片写对重逢的期盼。要知道,最让词人难忘的是他与虫虫花前月下的缠绵。但愿在虫虫的心目中,永远不要把别人放在心上。现在春天到了,三年一度的科举考试马上就要开始了。等考试结束后,春风得意的我一定回到你的身边,再也不轻易地分离。

这首词主要是细致地铺写情事,甚至连其他词中的景物描写都没有。作者絮絮如诉,情感缠绵悱恻,特别表达了对于虫虫的期盼:"但愿我、虫虫心下,把人看待,长以初相识。"并不直接写虫虫对他如何,而是写虫虫对别人如何,曲折地写出了词人对虫虫的一片痴情。


# 佳 人 醉

暮景萧萧雨霁[1]。云淡天高风细。正月华[2]如水。金波银汉[3],潋滟无际。冷浸书帷[4]梦断,欲披衣重起。临轩砌[5]。

素光遥指[6]。因念翠蛾[7],杳隔音尘[8]何处,相望同千里[9]。尽凝睇[10]。厌厌[11]无寐。渐晓雕阑[12]独倚。

**【注释】**

1 雨霁:雨后初晴。

2 月华:月光。

3 金波银汉:银河波光泛动。

4 书帷:书房的帏幕,此指书房。

5 轩砌:厅堂前的台阶。

6 素光遥指:月光遥照。此言月光同样照耀着远在异乡的情人。

唐宋名家诗词赏读

7 翠蛾：本指青色眉毛，此代指所思之女子。

8 杳隔音尘：讯息不通。

9 相望同千里：千里之外，相望同一片月光，亦即言两人同一片思念之情。

10 凝睇：注视。

11 厌厌：厌倦，精神不振。

12 雕阑：雕花栏杆。

【赏析】

此词写月下怀人。全词围绕怀人一层意思反复铺写，尤其是以如水的月光多方烘托，则所思之人缥缥缈缈，如水如玉，意境全出。而"相望同千里"句，则与苏轼"但愿人长久，千里共婵娟"同有其妙。

# 迷仙引

才过笄年[1]，初绾云鬟[2]，便学歌舞。席上尊前[3]，王孙随分[4]相许。算等闲、酬一笑，使千金慵觑[5]。常只恐、容易蕣华[6]偷换，光阴虚度。

已受君恩顾。好与花为主[7]。万里丹霄[8]，何妨携手同归去。永弃却、烟花伴侣[9]。免教人见妾，朝云暮雨[10]。

【注释】

1 笄年：十五岁。笄，为插簪，女子成年之礼。

2 云鬟：言其秀发之美。鬟为环绕成结盘于头顶之发式。此为成年女子装束。

3 尊前：即樽前，酒杯前。

4 随分：照样。

5 慵觑：懒得去看。

6 蕣华：木槿花，比喻美貌。华，即花。《诗经·郑风·有女同车》："有女同车，颜如蕣华。"朱熹注："蕣，木槿也，树如李，其华朝生暮落。"则蕣华转瞬即逝，后人以之喻美妙年华。

7 "好与"句：祈求与自己相伴终生。花，女子自喻。

8 丹霄：天空。

9 烟花伴侣：妓院中的姐妹。

10 朝云暮雨：典出宋玉《高唐赋》楚怀王梦遇巫山神女，神女自云："妾在巫山之阳，高丘之阻，旦为朝云，暮为行雨。"后人以朝云暮雨喻男女相爱，再转为朝三暮四之意。

**【赏析】**

全词通过一位身陷泥淖的歌伎的自述，表现她对自由生活的向往和追求。展现了歌伎们心灵的真、善、美的一面。

词的上片从无情现实落笔，展现这位歌伎对风尘生活的厌倦。她少女时便学习歌舞。由于身隶娼籍，学习技艺是为了在华灯盛筵之前为王孙公子们歌舞侑觞，成为娼家牟利的工具。由于她色艺双绝，博得了王孙公子们的称赞，他们对她的一笑以千金相酬。"酬一笑，使千金慵觑"，可见她意不在此，她对千金懒于一顾。这说明她与一般安于庸俗生活的歌伎们不同，表现了她要求人们的尊重和理解的愿望。在风尘中她保持着清醒的头脑，她渴望有一个正常的人生归宿。歌舞场中的女子青春易逝，有如"蕣华"的命运一样。《诗经·郑风·有女同车》"颜如蕣华"朱熹注："蕣，木槿也，树如李，其华朝生暮落。"这位歌伎清楚地知道，她的美妙青春也将像木槿花一样容易消逝，她为自己的归宿感到困扰和担忧。

词的下片写歌伎对未来生活的展望，表现了她对自由生活和美好爱情的向往与追求。她终于受到一位男子的理解和爱怜，她期望男子能改变自己的命运。"万里丹霄，何妨携手同归去"，她祈求着男子能和她携手同归，共同缔造幸福的家庭生活。从良之后，便永远抛弃旧日的风尘生活。"朝云暮雨"，是宋玉《高唐赋》中的典故，歌伎送往迎来，用情不专。所以这位歌伎恳求、发誓，向社会发出了求救的呼声。

这首词模拟一个妙龄歌伎的口吻，道出她厌倦风尘、追求爱情的心灵世界。作者似乎只是如实道来，字里行间却流露出对备受凌辱的歌伎渴望跳出火炕、获得自由的深切同情。

唐宋名家诗词赏读

# 蝶恋花¹

忙倚危楼²风细细，望极春愁，黯黯³生天际。草色烟光残照里，无言谁会凭阑意。

拟把疏狂图一醉⁴，对酒当歌⁵，强乐⁶还无味。衣带渐宽⁷终不悔，为伊消得人憔悴。

【注释】

1 此词原为唐教坊曲，调名取义简文帝"翻阶蛱蝶恋花情"句。又名《鹊踏枝》、《凤栖梧》等。双调，六十字，仄韵。

2 危楼：高楼。

3 黯黯：迷蒙不明。

4 拟把：打算。疏狂：粗疏狂放，不合时宜。

5 对酒当歌：语出曹操《短歌行》。当，与"对"意同。

6 强乐：强颜欢笑。

7 衣带渐宽：指人逐渐消瘦。语本《古诗》："相去日已远，衣带日已缓。"

【赏析】

这是一首怀人之作，词人把漂泊异乡的落魄感受同怀恋意中人的缠绵情思融为一体。

词的上片写登高望远，离愁油然而生。"忙倚危楼风细细"，写登楼引起了"春愁"。全词只此一句叙事，便把主人公的形象一幅剪纸那样凸现出来。"危楼"，暗示主人公立足既高，游目必远。"忙倚"，则表现主人公凭栏之久与思念之深。"忙倚"的结果却是"望极春愁，黯黯生天际"，"春愁"，即怀远盼归之离愁。极目天涯，一种黯然魂销的"春愁"油然而生。这里不说"春愁"潜滋暗长于心田，反说它从遥远的天际而来，力避庸常，把本来抽象化的情感转化为可感可知的形象。天际的什么景物触动了他的愁怀？从下一句"草色烟光"来看，是天涯的芳草。芳草萋萋、枯尽还生，很容易使人联想到愁恨的连绵无尽。柳永借用春草，表示自己已经倦游思归，也表示自己怀念

柳永词赏读

37

恋人。"草色烟光残照里，无言谁会凭阑意"写出了主人公的孤单和凄凉。前一句用景物描写点明时间，他久久地站立楼头眺望，时已黄昏还不忍离去。春草如茵，在夕阳的余晖下闪烁着一层迷蒙的光色，更容易牵动游子的离愁。"残照"更增添了一层感伤的色彩。"无言谁会凭阑意"，因为无人理解他登高远望的心情，所以他默默无言。有"春愁"又无处诉说，使人愁上加愁。"无言谁会"句既是徒自凭栏、希望成空的感喟，也是不见伊人、心曲难诉的慨叹。

词的下片写主人公为消释离愁，决意痛饮狂歌："拟把疏狂图一醉"，作者把笔宕开，写他如何苦中求乐。"愁"自然是痛苦的，那还是把它忘却，自寻开心吧！他不仅要借酒浇愁，还要"对酒当歌"，借放声高歌来抒发他的愁怀。但"春愁"的深沉，单靠自身的力量是难以排遣的，结果却是强颜为欢，终觉"无味"。从"拟把"到"无味"，笔势开阖动荡、颇具波澜。更说明了"春愁"的缠绵和执著。结尾"衣带渐宽"二句以健笔写柔情，自誓甘愿为思念伊人而日渐消瘦与憔悴，作者才透露这种"春愁"原来是一种坚贞不渝的情感。词人不想摆脱这"春愁"的纠缠，甚至心甘情愿为"春愁"所折磨，即使渐渐形容憔悴、瘦骨伶仃，也决不后悔。表现了主人公对爱情的执著。

这首词紧紧抓住"春愁"，但却迟迟不道破其内涵，只是从字里行间向读者透露出一些消息，千回百转直到最后一句才使真相大白。使得相思之情在达到高潮的时候戛然而止，激情回荡，这大大增强了词的感染力。王国维在《人间词话》中谈到"古今之成大事业、大学问者，必经过三种境界"，被他借用来形容"第二境界"的便是"衣带渐宽终不悔，为伊消得人憔悴"。正是这两句词概括了一种锲而不舍的坚毅性格和执著态度。

## 御街行

前时小饮春庭院。悔放笙歌散。归来中夜[1]酒醺醺，惹起旧愁无限。虽看坠楼换马[2]，争奈不是鸳鸯伴。

朦胧暗想如花面[3]。欲梦还惊断。和衣拥被不成眠，一枕万回千转。惟有画梁，新来双燕，彻曙[4]闻长叹。

【注释】

1 中夜：半夜。

2 坠楼：用绿珠坠楼之典。西晋石崇的爱妾绿珠貌美艳，善吹笛。孙秀曾向石崇索取被石崇拒绝。后来石崇被捕入狱，谓绿珠曰："我今为尔得罪。"绿珠泣曰："当效死于官前。"自投楼下而死。 换马：以爱妾换马。唐·李冗《独异记》中有三国·曹彰以爱妾换马之事。此处以坠楼、换马代指美女。

3 如花面：美丽如花的面容。

4 彻曙：自夜至晓。

【赏析】

这首词真切直露地表达了作者对一位歌伎的爱慕之情，塑造了一个单相思的"多情种"的形象。词从描写一场热闹的筵席开始，在那个春暖花开的庭院中，看着笙歌曼舞，真是惬意！真后悔那么快歌舞就散了，醉醺醺地归来已是午夜时分。不知为什么此时却惹起了我无限的愁怨？筵席上那美貌的女孩让我一见钟情，怎奈她不是我的鸳鸯伴侣，这种失意多么无奈！朦胧中我还记起她如花的面容，真想和她梦里相见，但是刚梦见她又被惊醒，这样的不眠之夜真是难捱。一夜下来辗转反侧了千万回。寂静的深夜，我的忧愁谁能知晓呢？只有那绕梁的双燕，在倾听我的长吁短叹直到天明！

这首词只表现作者的单相思，所以没有写与歌伎间的两情相悦。情感的抒发非常缠绵曲折：虽然他对歌伎心仪已久，但是筵席后他们却无缘相知；虽然想梦中与她相见，但是却又好梦难成；虽然自己在苦苦地思念她，但是却又无人理解；虽有梁上的双燕相伴，但是自己又难以诉说，而且燕双栖，人却独居，更增添了他的愁绪！作者在这篇小词中把自己的这分衷肠表达得如诉如泣、曲折淋漓。

## 归　朝　欢

别岸扁舟三两只。葭菼[1]萧萧风淅淅。沙汀[2]宿雁破烟[3]飞，溪桥残月和霜白。渐渐分曙色。路遥山远多行役[4]。往来人，只轮双

柳永词赏读

桨[5]，尽是利名客[6]。

一望乡关烟水隔。转觉归心生羽翼。愁云恨雨两牵萦[7]，新春残腊相催逼[8]。岁华都瞬息[9]。浪萍风梗[10]诚何益。归去来[11]，玉楼深处，有个人相忆。

**【注释】**

1 葭苇：芦苇。

2 沙汀：水间洲渚。

3 破烟：穿破早晨的云雾。

4 行役：古代指服役或因公务在外奔走。后泛指行旅。

5 只轮双桨：指乘车坐船的人。轮，代指车马；桨，代指船只。

6 利名客：追名逐利之人。

7 两牵萦：指分别的夫妻两相牵挂。

8 "残腊"句：意为年头岁尾更觉岁月流逝，紧相催逼。腊，即腊月；残腊，即腊月将尽，意即年终已到。

9 瞬息：即短暂的瞬间。说明变化很快。

10 浪萍风梗：浪中之浮萍，风中之草梗，皆以比喻行踪漂泊不定。

11 归去来：犹言回去吧。陶渊明《归去来辞》云："归去来兮，田园将芜胡不归？"而二人归宿大不同，柳归玉楼深处，陶归自然。

**【赏析】**

此词以白描和铺叙的手法，情景相生地抒写作者冬日早行而怀念故乡的思绪和浪迹江湖的苦闷情怀。

作者工致地以白描手法描绘旅途景色，创造一个特定的抒情情境。前四句以密集的意象表现江乡冬日晨景，所写的景物都是主体真切地感受到的。"别岸"是稍远的江岸，"萧萧"为芦苇之声，"浙浙"乃风的声响。远处江岸停着三两只小船，风吹芦苇发出细细的声响，如画般地写出了江乡的清寒景象。宿雁冲破晓烟飞去，当是被早行人们惊起所致。"溪桥"与"别岸"相对，葭苇、沙汀、宿雁，这些景物极为协调，互相补衬，组成江南水乡的画面。"残月和霜白"是月白霜亦白。残月与晨霜并见，点出时节约是初冬下旬，与上文"葭苇"、

"宿雁"同为应时之景。三、四两句十分工稳，确切地把握住了寒冬早行的景物特点。"渐渐分曙色"为写景之总括，暗示拂晓前后的时间推移，使词意发展脉络贯串。"路遥山远多行役"为转笔，由写景转写旅人。由于曙色已分，东方发白，道路上行人渐渐多起来了。"只轮"、"双桨"，借指车船。水陆往来尽是"利名客"，他们追名逐利，匆匆赶路。柳永失意于仕途，正同这群赶路的人一道披星戴月而行。柳永的羁旅行役之词中经常出现关河津渡、城郭村落、农女渔人、车马船舶、商旅往来等乡野社会风情画面，展示了较为广阔的社会生活背景，拓展了词的表现范围。

过片"一望乡关烟水隔"，承上片的写景转入主观抒情，写主人公因厌倦羁旅行役而思故乡。"一望"实即想望，故乡关河相隔遥远，烟水迷茫，根本无法望见；既无法望见而又不能回去，受到思乡愁绪的煎熬，转而产生一种急迫的渴望心理，恨不能插上羽翼立刻飞回故乡。对于这种迫切念头的产生，词人作了层层铺叙，细致地揭示了内心的活动。"愁云恨雨两牵萦"喻儿女离情，像丝缕一样牵萦两地。"新春残腊相催逼"是说明时序变换，日月相催，新春甫过，残腊又至，客旅日久，岁月飞逝自易惊心。"岁华都瞬息。浪萍风梗诚何益。""岁华"句深展"新春"句意，流光转瞬，却依然在浪迹天涯，更增深沉的感慨。"萍"和"梗"是漂泊不定的典型意象，以喻羁旅生活像浮萍和断梗一样随风水飘荡无定。柳永深感这种毫无结果的漫游确是徒劳无益，从现实艰难的境况来看还不如返回乡里。于是逼出最后三句："归去来，玉楼深处，有个人相忆。"这是思乡的主要原因，补足了"愁云恨雨"之意。家乡的"玉楼深处，有个人相忆"，自然是妻子多年在家苦苦相忆了。柳永是一个充满矛盾的人：他离家后事实上再也没有回到故乡，但思乡之情却往往异常强烈。他于京都的烟花巷陌与许多歌伎恋爱，但怀念妻子的深情却时时自然地流露。

# 采 莲 令

　　月华收，云淡霜天曙。西征客、此时情苦。翠蛾[1]执手送临歧，轧轧[2]开朱户。千娇面、盈盈伫立，无言有泪，断肠争忍回顾。

　　一叶兰舟，便恁[3]急桨凌波去。贪行色[4]、岂知离绪。万般方寸[5]，但饮恨，脉脉[6]同谁语。更回首、重城不见，寒江天外，隐隐两三烟树。

【注释】

1　翠蛾：翠眉，此代称女子。

2　轧轧：象声词，此处是开门的声音。

3　恁：那么。

4　贪行色：急于赶路。

5　方寸：本指人心，这里指心绪、心事。

6　脉脉：本指凝望的样子，后多用形容情感浓厚绵长。

【赏析】

　　这首词主要写作者和歌伎依依惜别的场景。词的上片写女主人公送作者时的情景。月亮渐渐的西落了，天上飘着淡淡的云彩，黎明的曙光渐渐显现，霜花铺满了大地。在这个清冷的深秋，游子要踏上征程。她默默地打开了朱门，开门的轧轧声在清晨格外地清晰。他们默默地拉着手，来到郊外的岔路口。虽然有千般不愿，但是他最终还是狠心地踏上旅途，一刻也不停留，他不愿回头再看她一眼，不忍心再面对她那万般愁苦、千娇百媚的面容。

　　词的下片专写行者乘兰舟在江上飞逝的情形。一叶扁舟越去越远，船家只知道急于赶路，他哪里理解词人难舍难分的心情！纵有万般愁苦，面对着茫茫的大江词人对谁倾诉！等再回首时，城中的高楼已经不见踪影，她的身影也消逝在水天的尽头。眼前只剩下江水无声无息地流淌，三两株枯树伫立在烟雾之中。

　　这首词通篇写景，作者善于把写景、抒情和叙事熔于一炉。开始刻画了一幅"云淡霜天"图，为男女主人公的离别渲染了一个清冷凄苦的气氛；紧接着是"执手相送"图，之后是游子"兰舟飞逝"图，最后是"寒江烟树"图，从送别到别后，画面接踵而至，每一幅画面都在诉说着离人浓浓的深情。

## 秋 夜 月

当初聚散。便唤作[1]、无由再逢伊面。近日来、不期而会[2]重欢宴。向尊前、闲暇里，敛著眉儿长叹。惹起旧愁无限。

盈盈泪眼。漫向[3]我耳边，作万般幽怨。奈你自家心下，有事难见。待信真个，恁别无萦绊[4]。不免收心，共伊长远。

【注释】

1 唤作：此处是以为、认为之意。

2 不期而会：偶然相会。

3 漫向：空向。

4 别无萦绊：没有别的感情羁绊，意即一心一意。

【赏析】

此词写两情聚散，断而复续。词以叙事为主，一段小小的猜忌，连接了旧愁新情，尽在情理之中。全词模拟女子口吻，幽幽怨怨，满腔柔情。末句"共伊长远"的表白，在这种脆弱的爱情笼罩之下也显得软弱无力。

## 婆罗门令

昨宵里、恁和衣睡。今宵里、又恁和衣睡。小饮归来，初更[1]过、醺醺醉。中夜后、何事还惊起。霜天冷，风细细。触疏窗[2]、闪闪灯摇曳。

空床展转重追想，云雨梦[3]、任欹枕难继。寸心万绪，咫尺千里[4]。好景良天，彼此空有相怜意、未有相怜计。

**【注释】**

1 初更：一更。古时将一夜分为五更，一更约为两小时。

2 触疏窗：指风透过窗户。疏窗，以木制成网格的窗户。

3 云雨梦：男女欢会之梦。

4 咫尺千里：指相隔虽近，但很难相见，就像相隔千里一样。

**【赏析】**

此词通过描写羁旅者中宵酒醒的情景，抒写了他的离愁和他对情人的相思。全词通篇写中宵梦醒情景，却从睡前、睡梦、醒后几方面叙来，有倒插、有伏笔、有补笔，前后照应；从一己相思写起，而以彼此相思作结，写得飞扬灵动、层次清晰、清新质朴、凝练生动。

开头二句从"今宵"联系到"昨宵"，说昨夜是这样和衣而睡，今夜又这样和衣而睡。连写两夜，而景况如一。从羁旅生活中选择"和衣睡"这样一个典型的细节，就写尽了游子苦辛和孤眠滋味。两句纯用口语，几乎逐字重复，于次句着一"又"字，传达出一种因生活单调腻歪而极不耐烦的情绪。以下三句倒插，写入睡之前，先喝过一阵闷酒。"小饮"，可见未尽兴，因为客中独酌毫无意趣可言。但一饮饮到"初更过"，又可见有许多愁闷待酒消遣，独饮虽无意兴，仍是醉醺醺归来。"醺醺醉"三字，既承上说明了何以和衣而睡的原因，又为下面写追寻梦境伏笔。

"何事还惊起"用设问的语气，便加强了表情作用，使读者感到梦醒人的满腔幽怨。"霜天冷，风细细"是其触觉感受；"闪闪灯摇曳"则是其视觉的感受。上片写孤眠惊梦的情事，语意浑成，造境凄清。

过片撇开景语，继惊梦写孤眠寂寞的心情。主人公此时辗转反侧不能成眠，想要重温旧梦，而不可复得。"重追想"三字对上片所略过的情事做补充，原来醉归后短暂的一觉中，他曾做了一个好梦，与情人同衾共枕、备极欢洽。此处作者用反衬手法，梦越好，越显得梦醒后的可悲。相思情切与好梦难继成了尖锐的矛盾。紧接两个对句写这种复杂的心绪，每一句中又有强烈对比："寸心"对"万绪"写出其感情负荷之沉重难堪；"咫尺"对"千里"则表现出梦见而醒来失之的无限惆怅。此下一气蝉联，谓彼此天各一方，空怀相思之情而无计相就，辜负如此良宵。所谓"好景良天"，也就是"良辰美景虚设"

唐宋名家诗词赏读

之省言。"彼此"二字读断，更能产生"人成各，今非昨"的意味。全词至此，由写一己的相思而述及到对方同样难堪的处境，意蕴便更深入一层。"空有相怜意，未有相怜计"两句意思对照，但只更换首尾二字，且于尾字用韵。由于字数相同，则更换的字特别是作韵脚的末一字大为突出，"有意"、"无计"的内心矛盾由此得到强调。结尾巧用重复修辞的手法，前后照应，层次丰富，而意境浑然，颇耐人寻味。

## 法曲献仙音

追想秦楼[1]心事，当年便约，于飞[2]比翼。每恨临歧处，正携手、翻成云雨离拆。念倚玉偎香[3]，前事顿轻掷。

惯怜惜。饶心性，镇厌厌[4]多病，柳腰花态娇无力。早是乍清减[5]，别后忍教[6]愁寂。记取盟言，少孜煎[7]、剩好将息[8]。遇佳景、临风对月，事须[9]时恁相忆。

【注释】

1 秦楼：歌馆妓院。

2 于飞：比喻夫妻和睦。

3 倚玉偎香：相互依偎、厮守。玉、香皆以喻女子。

4 镇：整日。 厌厌：同"恹恹"，体弱多病貌。

5 清减：清瘦。

6 忍教：不忍让。

7 孜煎：愁苦，忧烦。

8 将息：养息，保养。

9 事须：应该、理应。

【赏析】

这首词写思念一位往昔相知的歌伎，侧重于描写男主人公与佳人分别以后的心路历程。

词的上片从相爱时的誓言写到不得已分别以及别后的惆怅失落。作者回想当年在青楼中双宿双飞、共立誓言盼望白头偕老。正当携手共度美好的岁月时，却因为宦游而不得不分离，如胶似漆的恋情就这样被拆散了。以前的浓情蜜意，都成了被轻易抛弃的往事。

词的下片转写佳人，先写佳人对自己的深情。那么美丽多情的女孩，现在想必正饱受相思的折磨，她如花的面容可能会失去红润，她袅娜的细腰可能更细弱无力。原本瘦弱的身体怎经得起相思的折磨！希望你不要对我太思念，珍重身体！也希望你不要忘记以前的誓言，在临风对月之际，还能够时时地记起我。

这首词艺术上最值得一提的是通过刻画矛盾的心理来展现主人公复杂的内心世界。作者本来是思念自己的恋人，也知道她此时正牵挂着自己，但是为了爱惜她的身体，他违心地希望她减少对自己的思念；紧接着笔锋一转，作者又怕女孩子移情别恋，所以又希望她时时地记起以前的誓言，时时地思念他。情感表达委婉曲折是这首词不同于其他词的地方。

## 西平乐

尽日凭高目[1]，脉脉春情绪[2]。嘉景清明渐近，时节轻寒乍暖，天气才晴又雨。烟光淡荡[3]，妆点平芜[4]远树。黯[5]凝伫。台榭好、莺燕语。

正是和风丽日，几许繁红嫩绿，雅称[6]嬉游去。奈阻隔、寻芳伴侣[7]。秦楼凤吹[8]，楚馆云约[9]，空怅望、在何处。寂寞韶华[10]暗度。可堪[11]向晚，村落声声杜宇[12]。

【注释】

1 凭高目：登高望远。

2 脉脉春情绪：此句既写春天温和之景，亦写心中的春情。

3 淡荡：轻轻飘荡。

4 平芜：平旷的原野。

5 黯：黯然伤神。

6 雅称：颇相称，甚值得。雅，副词，颇、甚。

7 "奈阻隔"句：本欲寻伴同游，无奈被山川阻隔。意为与情人天各一方。

　　8　秦楼：歌馆妓院，下句"楚馆"意同。　凤吹：彩凤吹箫。

　　9　云约：朝云相约。彩凤、朝云，皆当时歌伎爱用名。

　　10　韶华：美好的年华。

　　11　可堪：不堪。

　　12　杜宇：即杜鹃鸟。传说为古代蜀国国君杜宇的魂魄所化，其叫声人说为"不如归去"，故古人以指思归之情。又有杜鹃啼血的传说，故又表相思之情。

【赏析】

　　这首词写春日登高时对昔日相知相恋的一位歌伎的思念。作者从春日登高望远、久久地伫立写起，展现了一个百无聊赖、怅惘满怀的游子形象。渐近清明佳节，天气忽晴忽阴，乍暖还寒，心情也正如这天气变化不定。远处的轻烟装扮着草地和树林，一切都是那么的朦胧凄迷。那层台楼树上燕子的呢喃，不知在倾诉什么？这样明媚的天气，做客他乡的孤独游子怎能不黯然神伤呢？这般阳春之日，风和日丽，处处是盛开的花朵、嫩绿的枝叶，这最适合呼朋引伴嬉戏游玩了！无奈的是此时宦游他乡，相爱的人只能相隔千里。相逢的日子渺茫难期。只能在这无尽的寂寥落寞中打发这美好的春光。谁知在这暮色苍茫的时候，远处的村落又传来杜鹃阵阵的悲鸣，这让饱受相思之苦的词人怎能忍受呢？

　　这首词把写景和抒情相互融合，"轻寒乍暖"、"才晴又雨"和作者的心情变化不定很贴切，迷离的"平芜远树"和作者内心的迷惘很吻合，而向晚的"声声杜宇"也是词人悲苦的哀鸣，这些景物都是和抒写悲情相衬合。夏敬观说柳永"情景兼融，一笔到底，始终不懈"，是很中肯的评价。

柳永词赏读

## 法曲第二

　　青翼[1]传情，香径偷期[2]，自觉当初草草[3]。未省同衾枕，便轻许相将[4]，平生欢笑。怎生向、人间好事到头少。漫[5]悔懊。

细追思，恨从前容易[6]，致得恩爱成烦恼。心下事千种，尽凭音耗[7]。以此萦牵，等伊来、自家向道[8]。泊[9]相见，喜欢存问[10]，又还忘了。

**【注释】**

1 青翼：即青鸟。传说青鸟为西王母的使者。

2 香径偷期：从花间小道去偷偷约会。香径，花间小道。

3 草草：草率。

4 相将：相伴。

5 漫：不要。

6 容易：即上所说"草草"之意。

7 音耗：音讯、消息。

8 自家向道：自己要向她说。此二句意为，将这满腔的相思之情，等她来都对她诉说。

9 泊：及，到。

10 存问：慰问，相互问候。

**【赏析】**

此词写别后相思。由于不断的分别，词人感到了爱情的艰难，不由得有了"从前容易"的感叹。两相对照之中，愈觉当下之苦，郁积在心，一吐为快，而及至相见，一切的苦楚又烟消云散。爱情正是在这跌宕起伏、悲喜莫测之中显出其魅力的。

## 秋蕊香引

留不得。光阴催促，奈[1]芳兰歇，好花谢，惟顷刻[2]。彩云易散琉璃脆，验前事端的[3]。

风月夜，几处前踪旧迹。忍思忆。这回望断，永作天涯隔。向仙岛，归冥路[4]，两无消息。

**【注释】**

1 奈：奈何，无奈。

2 惟顷刻：只在刹那间。

唐宋名家诗词赏读

3 端的：果然如此。

4 冥路：黄泉路上。

【赏析】

这首词是悼念词人昔日一位相知的歌伎，感情真切沉痛。词的开头一句"留不得"，写出了词人悲痛欲绝的哭诉。词人一开始就苦苦地追问为什么顷刻之间，你就像芬芳的幽兰一样凋谢了呢？就好像谁也挽留不住时光飞逝一样，谁也无法留住你脆弱的生命。人们常说云彩易散、玻璃易碎，美丽的女孩往往红颜薄命，你的逝去恰恰就是印证！遥想与你相识相知的那些夜晚，月色朦胧，晚风拂面。没想到就这样永远地诀别了，就算泪眼望穿，再也看不见你如花的容颜。你将魂归何处呢？应该是飞向仙人居住的地方。我们彼此再也无法互通消息了！

这首词以"留不得"这声痛苦的哀号来统领全篇，她如幽兰般的衰谢，如鲜花般的凋零是"留不得"；彩云已散，玻璃已碎，也是"留不得"；晚风吹拂的月夜，美丽的往事也是"留不得"，最终不管她魂归仙岛还是踏上"冥路"，仍然是"留不得"。一句"留不得"饱含了如许深情！

# 卜 算 子

**江枫渐老，汀蕙半凋，满目败红衰翠。楚客¹登临，正是暮秋天气。引疏砧²、断续残阳里。对晚景、伤怀念远³，新愁旧恨相继。**

**脉脉人千里。念两处风情，万重烟水。雨歇天高，望断翠峰十二⁴。尽无言、谁会凭高意。纵写得、离肠万种，奈归云⁵谁寄。**

柳永词赏读

【注释】

1 楚客：楚人宋玉，被称为千古悲秋之祖。此言楚客乃以宋玉自拟。

2 疏砧：稀疏的捣衣声。古人每临秋季捣絮为衣以御冬，尤以思妇最重捣衣，故"捣衣"常指离愁别恨。砧，捣衣石。

3 伤怀念远：因怀念远方的亲友而伤感。

4 翠峰十二：即巫山十二峰，乃宋玉《高唐赋》中楚怀王与巫山神女欢会之所。李商隐《深宫》诗云："岂知为雨为云处，只有高唐十二峰。"

5 归云：归去之云，即指怀归之心。

**【赏析】**

此词为摹写羁旅行役和离情别绪的佳作。全词以真挚、浓厚的情意和流利的文笔描写了游宦异乡的客子暮秋时节登高怀人的情事，抒发了异乡游子对伊人的深切怀念和望而不见、传书无凭的凄苦情怀。

词的上片以客观景物描写为主，下片以抒情为主。起首两句，是登临所见。"败红"就是"渐老"的"江枫"，"衰翠"就是"半凋"的"汀蕙"，而"满目"，则是举枫树、蕙草以概其余，说明已时至深秋，接以"楚客"两句，引用宋玉《九辩》悲秋之意，用以点出登临，并暗示主题。"引疏砧"句，续写所闻。秋色凋零，足以生发悲感，何况又有这种断断续续、稀稀朗朗的砧杵之声在残阳中回荡呢。古代妇女，每逢秋季，就用砧杵捣练，制寒衣以寄在外的征人。所以他乡做客的人，每闻砧声就生旅愁。这里也是暗寓长期漂泊，"伤怀念远"之意。"暮秋"是一年将尽，"残阳"则是一日将尽，都是"晚景"，用此烘托出"伤怀念远"的主旨。"新愁"句是对主旨的补充，说明这种"伤"和"念"并非偶然触发，而是本来心头有"恨"，才见景生"愁"。"旧恨"难忘，"新愁"又起，故曰"相继"。

过片接上，直写愁恨之由。"脉脉"，用《古诗十九首》"盈盈一水间，脉脉不得语"之意。思念远方的伊人，"两处风情"，从"脉脉"来，"万重烟水"，从"千里"来。"雨歇"一句，不但是写登临时天气的实况，而且补出红翠衰败乃是风雨所致。"望断"句既是写实，又是寓意。雨过天开，视界辽阔，极目所见，唯有山岭重叠，连绵不断，坐实了"人千里"。那位"且为朝云，暮为行雨"的巫山神女，由于天气转晴，云收雨散也不见了，即便"望断翠峰十二"，也是徒然。不但暗抒了相思之情，而且暗示了所思之人。"尽无言"两句深进一层，"凭高"之意无人可会，唯有默默无言而已。凭高念远已是堪伤，何况又无人可诉此情，无人能会此意。结两句是说，此意既然无可诉、无人会，那么这"离肠万种"，就只有写出来了。可是，纵然写了，又有谁能代为传寄呢？一种无可奈何之情千回百转而出，有很强的感染力。

此词的艺术特色是衬托渲染的手法和婉转往复的情思。词的上片，取正衬的手法，以苦景写悲怀，同时又将凄怨之情贯注到客观的景物中去，以悲写悲，渲染烘托出浓烈的悲苦气氛；下片写出了词人感情上的波澜起伏，采取了总起总收、间以分述的笔法，以使感情的抒发层层逼进，步步加深。

## 鹊桥仙

届[1]征途，携书剑[2]，迢迢匹马东去。惨离怀，嗟少年易分难聚。佳人方恁[3]缱绻[4]，便忍分鸳侣[5]。当媚景，算密意幽欢，尽成轻负。

此际寸肠万绪。惨愁颜、断魂无语。和泪眼、片时[6]几番回顾。伤心脉脉谁诉。但黯然凝伫[7]。暮烟寒雨。望秦楼[8]何处。

【注释】

1 届：临，踏上。

2 书剑：书和剑是古代文人随身携带之物，表示有文韬武略。

3 恁：这么。

4 缱绻：情意缠绵。

5 鸳侣：比喻恩爱的夫妇。

6 片时：霎那间。

7 凝伫：销魂，出神。

8 秦楼：秦穆公之女弄玉之楼，亦称凤楼，此借指夫妻所居之处。

【赏析】

这首词写柳永为了寻求功名，携书带剑离别妻子和故乡时的悲伤。词的上片写与妻子离别的场景，并表示对易分难聚的悲惨结局的担忧。正值良辰美景，却要和情意缠绵的妻子话别，这"密意幽欢"

柳永词赏读

都因为离别而辜负了。

词的下片主要写词人离别家乡时的悲伤,面对妻子他思绪万千,凝视无语,但为了仕途,却又不得不踏上征途。在频频的回顾中,他渐渐离去,渐行渐远,最后终于连他们共同居住的"秦楼"也消失在一片暮烟寒雨中。

这首词细腻而集中地描写了离别的场景,夫妻间缠绵悱恻、难舍难分的惆怅也就不言自明了,尤其是对于"轻负"的自责,表现出了词人面对事业和爱情两难选择时的矛盾心理,使得这首词更加哀婉动人。

## 浪淘沙慢

梦觉、透窗风一线,寒灯吹息。那堪¹酒醒,又闻空阶,夜雨频滴。嗟因循²、久作天涯客。负佳人、几许盟言,更忍把、从前欢会,陡顿³翻成忧戚。

愁极。再三追思,洞房深处,几度饮散歌阑⁴。香暖鸳鸯被,岂⁵暂时疏散,费伊心力⁶。殢雨尤云⁷,有万般千种,相怜相惜。

恰到⁸如今、天长漏永⁹,无端自家疏隔。知何时、却拥秦云¹⁰态,愿低帏昵枕,轻轻细说与,江乡夜夜,数寒更思忆。

【注释】

1 堪:承受。

2 因循:依旧。

3 陡顿:突然。

4 歌阑:歌声渐息。

5 岂:岂料。

6 费伊心力:使她苦心焦虑。

7 殢云尤雨:沉湎于男女云雨之中,即缠绵不尽之意。

8 恰到:当时俗语,未曾想到。

9 漏永:夜深。古时以滴漏报更,称"更漏"。

10 秦云:秦云楚雨的约写,喻男女情事。

**【赏析】**

这首词共三片。第一片写主人公夜半酒醒时的忧戚情思；第二片追思以往相怜相惜之情事；第三片写眼下的相思情景。体制扩大，容量增加，主人公全部心理状态及情思活动过程得到了充分的表现。这是柳永创制慢词的一个范例。

词作从"梦觉"写起，窗风吹息寒灯，夜雨频滴空阶，可知并非天亮觉醒，而是夜半酒醒。其间，于"灯"之上着一"寒"字，于"阶"之上着一"空"字，将当时客观物景染上了主人公主观情感色彩，体现了主人公凄凉孤寂之心理状态。而"那堪"、"又"、"频"，层层递进。接着，主人公发出感叹："嗟因循、久作天涯客。"这是造成凄凉孤寂心境的根源。因为"久作天涯客"，辜负了当时和佳人的山盟海誓，从前的欢会情景，今夜里一下子都变成了忧愁与凄戚的根源。

词作第二片，由第一片之"忧戚"导入，"愁极"，十分自然地转入对往事的"追思"。所思佳人，由"饮散歌阑"句来看，可知是一位侍宴歌伎。从"再三"、"几度"句中可以体会出来，两人互相爱恋，已经有了相当长的时间，由此可见，主人公夜半酒醒时为什么这样的忧戚。

第三片由回忆过去的相欢相爱回到眼下"天长漏永"、通夜不眠的现实当中来。"无端自家疏隔"，悔恨当初不该出游，这疏隔乃自家造成，然而内心却甚感委屈。因此，主人公又设想两人相聚之时，他就要于低垂的帏幕下、玉枕上，轻轻地向她详细述说：他一个人在外，是如何夜夜数着寒漏，默默地思念着她。

从谋篇布局上看，第一、二片，花开两枝，分别述说现在与过去的情事；至第三片，既由过去回到现在，又从现在想到将来，使情感活动向前层层推进。全词三片，从不同角度、不同方位，多层次、多姿态地展现出主人公的心理状态和情思活动，具有一定的立体感。

柳永词赏读

# 夏 云 峰

宴堂深。轩楹[1]雨，轻压增广低沉。花洞[2]彩舟泛斝[3]，坐绕清浔[4]。楚台[5]风快，湘簟[6]冷、永日披襟。坐久觉、疏弦脆管[7]，时换新音。

越娥兰态蕙心[8]。逞妖艳、昵欢邀宠难禁。筵上笑歌间发，舄[9]履交侵。醉乡归处，须尽兴、满酌高吟。向此免、名缰利锁[10]，虚费光阴。

【注释】

1 轩楹：廊前的柱子。

2 花洞：花丛深处。

3 彩舟泛斝：古有曲水流觞的饮酒之戏，众人围曲水而坐，以斟上酒的酒杯顺水漂流，杯停，距杯最近者饮之。此句或即据此习俗而来。斝，酒器，圆口三足，此指酒杯。

4 浔：水边地。

5 楚台：秦楼楚馆之意，指游乐场所或妓院。

6 湘簟：以湘竹所编就的坐席。

7 疏弦脆管：用弦或管所演奏的舒缓、嘹亮的音乐声。

8 "越娥"句：越地女子如兰似蕙，可爱媚人，越地即今苏浙一带。兰、蕙，皆香草。

9 舄：鞋子。

10 名缰利锁：名利如同缰锁一样，拘禁人生。

【赏析】

此词写宴游欢情的快乐。在及时行乐的背后，是对名缰利锁的唾弃，同时也是对人生挫折的一次宣泄。它实际上表现了词人对以名利贯穿始终的社会的失望，又表现了词人对感性人生的执著。

## 荔 枝 香

甚处寻芳赏翠，归去晚。缓步罗袜生尘[1]，来绕琼筵[2]看。金缕霞衣[3]轻裾，似觉春游倦。遥认[4]，众里盈盈好身段。

拟回首，又伫立、帘帏畔。素脸红眉[5]，时揭盖头微见。笑整金翘[6]，一点芳心在娇眼[7]。王孙空恁肠断。

【注释】

1 罗袜生尘：语出曹植《洛神赋》言洛水女神宓妃"凌波微步，罗袜生尘"，此以形容步态轻捷飘逸。

2 琼筵：珍美的筵席。

3 金缕霞衣：形容衣服珍贵精致。金缕，饰以金缕的舞衣；霞衣，喻其轻薄艳丽如霞。

4 遥认：远远看去。

5 红眉：以胭脂修饰点染之眉。

6 金翘：女子头饰。

7 "一点"句：即眉目含情之意。

【赏析】

此词为我们展现了一个美丽轻盈女子的形象，尤其表现了她那种欲进又止的娇羞情态。在对女子进行含蓄生动的外在描写中，仍然显现出女子青春的活力和动感，由此也引发了词人的一片爱怜之情。

## 古 倾 杯

冻水消痕[1]，晓风生暖，春满东郊道。迟迟淑景[2]，烟和露润，偏绕长堤芳草。断鸿隐隐归飞[3]，江天杳杳。遥山变色[4]，妆眉淡扫[5]。目极千里，闲倚危樯迥眺[6]。

动几许、伤春怀抱。念何处、韶阳[7]偏早。想帝里[8]看看，名园芳树，烂漫莺花好。追思往昔年少。继日[9]恁、把酒听歌，量金买笑。别后暗负[10]，光阴多少。

55

1 冻水消痕：水面结冰融化，没有痕迹。

2 淑景：美景。

3 断鸿：失群的孤雁。 归飞：朝北方飞回来。

4 遥山变色：远山变绿。

5 妆眉淡扫：用浅颜色画眉毛，比喻初春时节，山野一片淡绿的颜色。

6 迥眺：远望。

7 韶阳：美好的时光。

8 帝里：京城。

9 继日：每天不断。

10 暗负：不知不觉间辜负了。

【赏析】

词的上片描写了羁旅途中的风景。当漫步东郊时，作者惊奇地发现已经是春满人间的季节了。河里的冰已经解冻了，清澈的河水正欢快地流淌。春日迟迟，长堤的芳草上笼罩着淡淡的烟雾，草叶上滚动着的露珠正闪烁着熠熠的光。一声孤雁的哀鸣划过天空，极目远望，江天相接，远山如黛。登上高高的楼阁，悠闲地倚着栏杆，这明媚的春光又牵动了词人多少伤春的情绪！

词的下片是作者对帝京生活的回忆。京都的春天应该来得更早吧！那里的歌台舞榭现在应该是掩映在烂漫春花中。那黄莺儿一定也在唱着欢快的歌。忆当时还是风流少年，每天把酒听歌，日日沉醉在歌舞酒宴之中，帝京一别之后，不知不觉间又度过了多少美好的时光！

这首词中作者的心情是复杂的，他眷恋过去在帝京所度过的美好时光，以及一去不复返的青春年华。这其中有追求功名的梦想，也有帝京的挫折留下的心灵创伤，还有虚度年华的悔恨。总之，愁是柳永词的基调，他遇秋而悲秋，见春而伤春，不管眼前的春色多么迷人，都难以抚慰他那颗多愁善感的疲惫的心！

# 倾　杯

离宴[1]殷勤，兰舟凝滞，看看送行南浦[2]。情知道[3]世上，难使皓月长圆，彩云镇聚[4]。算人生、悲莫悲于轻别[5]，最苦正欢娱，便分鸳侣。泪流琼脸，梨花一枝春带雨[6]。

惨黛蛾[7]、盈盈无绪[8]。共黯然销魂[9]，重携纤手，话别临行，犹自再三、问道君须去。频耳畔低语。知多少、他日深盟，平生丹素[10]。从今尽把凭鳞羽[11]。

【注释】

1 离宴：饯行的筵席。

2 南浦：此泛指水边送行之地。

3 情知道：真的知道。

4 镇聚：常相聚。

5 "悲莫悲"句：语出《九歌》："悲莫悲兮生别离，乐莫乐兮新相知。"

6 "梨花"句：语出白居易《长恨歌》："玉容寂寞泪阑干，梨花一枝春带雨。"形容女子哭泣流泪的样子。

7 黛蛾：女子的蛾眉，以此代女子。

8 无绪：了无情绪。

9 黯然销魂：失魂落魄，形容极度伤心。江淹《别赋》："黯然销魂者，唯别而已矣。"

10 丹素：素纸丹书，此指情书。

11 鳞羽：鱼雁。蔡邕《饮马长城窟行》："呼儿烹鲤鱼，中有尺素书。"《汉书·苏武传》："教使者谓单于，言天子射上林中，得雁，足有系帛书。"后有鱼雁传书之说。

【赏析】

这首词主要写作者与相知的歌伎分别的情形。该词的上片从男子的角度写离别之情。就要离别了，所以频频地举杯劝酒，殷勤话别。水边已经停泊了将要远航的船只。就像明月不能长圆，彩云不能长聚一样，天下没有不散的筵席。人生最痛苦的就是分别，尤其是对于正在热恋的伴侣。你看，她早已泪流满面，如一枝带雨的梨花，既悲切，又娇媚。

词的下片描写了女子的情态。在分别之际，她泪眼盈盈，满面悲凄。作者又何尝不是黯然销魂，临行前一次又一次地紧握着她的手，那多情的女孩一次又一次地追问是否真地要离去。她在词人的耳畔频频地叮嘱：不要忘记曾经的山盟海誓，一定要常常把这分绵绵深情托付鱼雁寄来。

这首词重在写分别的场景，没有多少时空的转换，也没有什么景物的烘托，只是细细地说情，写人间最悲苦的是离别。语言浅近，感情真挚。清人陈锐说："柳词云：'算人生、悲莫悲于轻别'……此从古乐府出。美成词云：'大都世间最苦惟聚散'，乃得此意。"

# 破 阵 乐

露花倒影[1]，烟芜蘸碧[2]，灵沼[3]波暖。金柳[4]摇风树树，系彩舫[5]龙舟遥岸。千步虹桥[6]，参差雁齿[7]，直趋水殿[8]。绕金堤、曼衍鱼龙[9]戏，簇娇春罗绮[10]，喧天丝管[11]。霁色荣光[12]，望中似睹，蓬莱清浅。

时见。凤辇宸游[13]，鸾觞禊饮[14]，临翠水、开镐宴[15]。两两轻舠[16]飞画楫，竞夺锦标霞烂[17]。罄[18]欢娱，歌鱼藻[19]，徘徊宛转。别有盈盈游女[20]，各委明珠，争收翠羽，相将归远。渐觉云海沉沉，洞天[21]日晚。

**【注释】**

1 露花倒影：含有露水的鲜花倒映在水中。

2 烟芜蘸碧：笼罩着烟雾的草丛，绿草含烟。

3 灵沼：周文王所建之池沼。此指京城中皇家的金明池，为宋君臣喜游之地。

4 金柳：柳树初生之芽呈嫩黄色，故称金柳。

5 彩舫：花船，女子或歌伎所乘。

6 虹桥：金明池中的拱桥，通常称为仙桥。

7 雁齿：如雁行排列。

8 水殿：建于水上的亭榭。

9 曼衍鱼龙：古代百戏之一种以巨兽与鱼龙形彩灯为道具作表演。曼衍，又作"蔓延"。

10 簇娇春罗绮：聚集了年轻貌美的女子。罗绮，图案精美的彩绢丝织品，此处代指美丽的女子。

11 丝管：各种乐器的演奏。

12 霁色荣光：雨停之后美丽的云色。

13 凤辇宸游：皇帝坐车出游。凤辇，皇帝的车驾；宸，皇帝居所，此处代指皇帝。

14 鸾觞：刻有鸾鸟图纹的酒杯。禊饮：古俗于三月三日上巳日在水边洗濯宴饮，以邀吉驱邪，称为禊饮。

15 镐宴：镐为周武王所经营之都城，故以镐宴称御宴。此处指宋仁宗在金明池大宴群臣。

16 舠：刀形小船，极轻快。

17 锦标霞烂：灿烂精美之锦标。宋人于池中设锦标，使船队竞渡夺标。

18 罄：尽情。

19 鱼藻：《诗经·小雅》中的篇名，内容是赞美周天子生活安乐，此处借指称颂宋仁宗的赞歌。

20 游女：当指汉水女神。

21 洞天：神仙所居之处，此指京城游乐之所。

【赏析】

此词描绘北宋仁宗时每年三月一日以后君臣士庶游赏汴京金明池的盛况。这首词形象地反映出仁宗时昌盛兴旺的景象，是当时都市风貌的艺术实录，是一幅气象开阔的社会风俗画卷。描写都市的繁华景象，是柳词题材上的新开拓。

词的开头，以三个四字句"露花倒影，烟芜蘸碧，灵沼波暖"真切地描绘出了金明池的优美景色——含露的鲜花在池中显出清晰的倒影，烟霭笼罩的草地一直延伸到碧绿的池边，池水暖洋洋的。由"露花"、"烟芜"和"波暖"可知是春日温煦的早晨，而"倒影"、"蘸碧"和"灵沼"则点出了池水的清澈明净和广阔，这三句不仅写景如画，而且使人感到有一股春晨的清新气息扑面而来，充满着美感和活力，为全词奠定了明丽热烈的基调。"山抹微云秦学士，露花倒影柳屯田"，这是苏轼的赞语，可见此词的开头何等地脍炙人口。

"金柳摇风树树，系彩舫龙舟遥岸"，继续写池的景象——岸边垂柳飘拂的树上系有许多争奇斗丽的彩舟龙船，煞是好看。接着写金明池上的仙桥："千步虹桥，参差雁齿，直趋水殿。""绕金堤"四句，着重描写金明池上的游乐场面。"曼衍鱼龙戏"，叙写上演的百戏花样繁多，变化莫测；"簇娇春罗绮"，"喧天丝管"，突出乐部歌舞伎人罗绮成群，弹奏起急管繁弦、声腾云霄。这几句渲染金明池上花光满路、乐声喧空的繁华热闹景象，虽为实写，却也写得绘声绘色，历历在目。上片结语说："霁色荣光，望中似睹，蓬莱清浅。"是此前现实描写的升华。词人运用丰富想象而进入仙境，但见景色晴明、云气泛彩、好似海中的蓬莱仙山。

下片以"时见"二字突兀而起。"凤辇宸游"四句描写皇帝临幸金明池并赐宴群臣的景况。接着铺叙君臣观看龙舟竞渡夺标。词中"两两轻舠飞画楫，竞夺锦标霞烂"两句，生动地再现了龙舟双桨飞举、奋力夺标的情形。这里笔法自然鲜活，词意显露，给人的印象十分深刻。"馨欢娱"三句，极写宴会上群臣咏唱赞美天子的诗歌的盛况，带有一定的颂圣味道。

"别有盈盈游女，各委明珠，争收翠羽，相将归远"四句，由写皇帝临幸而转入叙士庶游赏情景。其中"各委"二句，化用曹植《洛神赋》之典，言游女各自争着以明珠为信物遗赠所欢，以翠鸟的羽毛作为自己的装饰，形容其游春情态十分传神。"相将归远"，相偕兴尽而散。这一层描叙，使词的意味更加浓郁，使词的铺陈更见深厚。"渐觉云海沉沉，洞天日晚。"以想象中的仙境结束下片：傍晚白云弥漫空际，广阔深邃，池上巍峨精巧的殿台楼阁渐渐笼罩在一片昏暗的暮色之中，如同神仙所居的洞府，从而把汴京金明池上繁华景色的赞颂推到了顶点。

此词为篇幅达一百三十余字的慢词长调，作者十分注意篇章的组织安排，层次分明、结构严谨。上片泛写池上景象，先叙金明池的水色风光，后写游乐的热闹景况。下片重点描绘赐宴和争标的场面，先写皇帝临幸情景，后叙士庶游赏情况，全词条理井然。"金柳摇风树树，系彩舫龙舟遥岸"两句，不只写出了池边垂柳飘拂，彩舟争艳的美景，也为后面写"曼衍鱼龙戏"和"竞夺锦标霞烂"等作了伏笔。下片以仙境作结，和上片结尾写蓬莱神仙世界遥相呼应。

全词由晨景始，以晚景终，叙写了池上一天的游况，其间写景、叙事、抒情熔于一炉，前后连贯，首尾照应，充分体现了柳词"层层铺叙，情景兼融，一笔到底"（夏敬观《手评乐章集》）和"音律谐婉，语意妥帖，承平气象，形容曲尽"（《直斋书录解题》）的特点。

# 双 声 子

　　晚天萧索，断蓬[1]踪迹，乘兴兰棹东游。三吴[2]风景，姑苏台榭，牢落[3]暮霭初收。夫差旧国，香径[4]没、徒有荒丘。繁华处，悄无睹，惟闻麋[5]鹿呦呦[6]。

　　想当年、空运筹[7]决战，图王取霸无休。江山如画，云涛烟浪，翻输范蠡[8]扁舟。验前经旧史，嗟漫载[9]、当日风流[10]。斜阳暮草茫茫，尽成万古遗愁。

【注释】

1 断蓬：断根飘飞的蓬草，比喻漂泊不定的生活。

2 三吴：江苏省的苏州、润州和湖州。

3 牢落：稀疏散乱的样子。

4 香径：苏州西南二十余华里的采香径。传说吴王遣美人采香于此山，故名采香径。

5 麋：鹿的一种。

6 呦呦：鹿鸣声。

7 运筹：策划谋略。

8 范蠡：春秋越国大夫。越国为吴国所败，在范蠡的策划下越国最终战胜了吴国。灭吴后，范蠡功成身退，隐遁江湖。后来经商致富，时号陶朱公。

　9　漫载：白白地记载。

　10　风流：英雄业绩。

【赏析】

　　这是柳永登临苏州郊外的灵岩春秋吴国馆娃宫遗址时所写的一篇怀古名篇。词的上片写词人暮秋登临时的所见，正是秋意萧瑟的季节，三吴景色尽收眼底，表现了灵岩苍茫的景色。然而当日的繁华之地，今日已悄然无迹，再也看不到了，只能听见不时传来的声声鹿鸣。体现了词人的历史兴亡之感。下片侧重写词人的感慨，但其中也有对景物的描写。在词人看来，"图王取霸无休"的风流人物，都比不上功成身退、归隐江湖的范蠡，因为只有他才能享受这大自然的清风明月，真正地看破功名富贵，才能真正与眼前的"江山如画，云涛烟浪"相契合。历史的兴亡和世事的沧桑，使得词人陷入绵绵的惆怅之中，"斜阳暮草茫茫"正是表现了这种挥之不去的感伤。这种忧伤茫茫无边，且直贯古今，使人难以摆脱。对于擅长写艳词的柳永来说，这首怀古词应是他别具一格的作品。更可贵的是它将怀古的题材引入了词中，风格偏于豪放，对后世怀古词产生了很大的影响。

# 内 家 娇

　　煦景[1]朝升[2]，烟光画敛，疏雨夜来新霁。垂杨艳杏，丝软[3]霞轻[4]，绣山芳郊明媚。处处踏青斗草[5]，人人眷红偎翠[6]。奈少年、自有新愁旧恨，消遣无计[7]。

　　帝里，风光当此际，正好恁携佳丽。阻归程迢递[8]，奈好景难留，旧欢顿弃。早是[9]伤春情绪，那堪困人天气。但赢得[10]、独立高原，断魂一饷[11]凝睇。

【注释】

　1　煦景：春天和丽的景色。

　2　朝升：早上升起。

　3　丝软：柳条、青草如丝般柔软。

4 霞轻：花叶如彩霞般艳丽轻盈。

5 斗草：古代民俗，五月初五有斗百草之戏。

6 眷红偎翠：男女相依。

7 消遣无计：无法消除心中的烦忧。

8 迢递：遥远。

9 早是：本来就。

10 赢得：只剩得。

11 一饷：长时间。

**【赏析】**

这首词写清明时节宦游某地时的见闻，抒发其伤春的情绪。

词的上片写清明时节的风光。早晨，太阳冉冉升起，雾气渐渐散去，多么清新明媚！夜里刚下过一场雨，空气是那么清新。你看，垂杨舞动着纤细的腰肢，像丝一样柔软；杏花怒放，像朝霞一样绚烂！春姑娘真是手巧，一针针绣出了如此美丽的图画。人们倾城而出去郊外踏青。怎奈我心事重重，这满腹的旧恨新愁无法消除。

词的下片主要写对帝京生活的回忆。遥想当初的帝京，也是这样春光明媚，正好与佳人携手春游。无奈眼前遥远的归程阻碍了重逢，美好的春景难以久留，过去的欢爱也全部消逝。外边的风景正绚丽多姿，形单影只的人怎能不对此懊恼不已！只有独自站在高丘上，凝眸远望，一个人体味着这万般的愁苦。

这首词写春景很热闹，特别是"垂杨艳杏，丝软霞轻，绣山芳郊明媚"一句，写出了典型的春天景色。一个"绣"字，把眼前的风景都写活了，像春姑娘在飞针走线，眨眼间，这些明媚的垂柳杏花就栩栩如生地呈现在锦缎上。绚丽的春光，欢乐的游春场面，只会让词人由眼前的羁旅生涯回忆当年帝京的风流往事，春天的热闹正是他内心孤苦寂寥的陪衬。

# 二 郎 神

炎光谢[1]。过暮雨、芳尘轻洒[2]。乍露冷风清庭户，爽天如水，玉钩[3]遥挂。应是星娥[4]嗟久阻，叙旧约、飙轮[5]欲驾。极目处、微云暗度，耿耿[6]银河高泻。

闲雅[7]。须知此景，古今无价。运巧思、穿针楼上女[8]，抬粉面、云鬟相亚[9]。钿合金钗[10]私语处，算谁在、回廊影下。愿天上人间，占得欢娱，年年今夜。

## 【注释】

1 炎光谢：夏日骄阳已退去。

2 芳尘轻洒：雨洒轻尘散发出清新的气味。

3 玉钩：比喻新月，其形状如钩，故称。

4 星娥：即织女星。

5 飙轮：飙车，神所驾驶的风云之车。

6 耿耿：明亮貌。

7 闲雅：指七夕之时的宁静、幽雅。

8 "运巧思"句：指古代七夕乞巧风俗。

9 亚：压。

10 钿合金钗：用精美的盒子装着的钗环首饰，此指情人之间互赠定情信物。唐代陈鸿《长恨歌传》："定情之夕，授金钗钿合以固之。"

## 【赏析】

这是一首咏七夕佳期的作品。作者一反以往七夕诗词的伤感情调，把天上牛郎织女鹊桥相会的美丽传说和人间李隆基杨玉环马嵬死别的动人故事，演绎、融汇为一个纯情浪漫、晶莹剔透的意境，抒发了对纯真爱情的美好祝愿和热烈向往。全词语言通俗易懂，形象鲜明生动，情调闲雅欢娱，给人以充分的艺术享受。

上片着重写天上，开篇以细致轻便的笔调描绘出七夕清爽宜人的氛围，诱人进入浪漫的遐想世界。首韵"炎光谢"，说明炎夏暑热已退，一开头即点出秋令。先说初秋，再从入暮写起，导入七夕：一阵黄昏过雨，轻洒芳尘，预示晚上将是气候宜人和夜空晴朗了。"乍露冷风清庭户"，由气候带出场景。"庭户"是七夕乞巧的活动场所。古时人们于七夕佳期，往往庭前观望天上牛郎织女的相会。接下来一句"爽天如水，玉钩遥挂"秋高气爽，碧天如水，一弯上弦新月出现在远远的天空，为牛郎织女的赴约创造了最适宜的条件。"应是星娥嗟久阻，叙旧约、飚轮欲驾"，想象织女嗟叹久与丈夫分离，将赴佳期时心情急切，于是乘驾快速的风轮飞渡银河。织女本为星名，故称"星娥"。"极目处、微云暗度，耿耿银河高泻"，人们盼望天上牛郎织女幸福地相会，他们凝视高远的夜空，缕缕彩云飘过银河，而银河耿耿发亮，牛郎织女终于得以欢聚，了却一年的相思之情。上片动静结合，虚实相间，从景物描写到幻想神游的推移中，寄寓了人们对幸福爱情的美好遐想。

　　下片写各家于庭户乞巧望月，显得闲静幽雅。这种闲雅的情趣之中自有很不寻常的深意。词人强调"须知此景，古今无价"，提醒人们珍惜佳期，从中足见柳永对七夕的特别重视，反映了宋人的民俗民风。以下数句着重写民间七夕的活动，首先是乞巧。所谓乞巧，是以特制的扁形七孔针和彩线望月穿针，向织女乞取巧艺，这是妇女们的事。"楼上女"原本居于楼上，穿针乞巧时才来到庭中的。妇女们"抬粉面"，加以"云鬟相亚"，虔诚地手执金针，仰望夜空，乌云般美丽的发鬟都向后低垂。此句写得形神兼备，寥寥数语，姑娘们追求巧艺的热切与虔诚便活灵活现地跃然纸上了。接下来的一句："钿合金钗私语处，算谁在、回廊影下"，写七夕的另一项重要活动——定情，这既是词人浪漫的想象，也是历史的真实。自唐明皇与杨贵妃初次相见，"定情之夕，授金钗钿合以固之"（《长恨歌传》），他们"七月七日长生殿，夜半无人私语时"也被传为情史佳话。唐宋时男女选择七夕定情，交换信物，夜半私语，也是民俗之一。作者将七夕民俗的望月穿针与定情私语绾合一起，毫无痕迹，充分表现了节序的特定内容。结尾的"愿天上人间，占得欢娱，年年今夜"，既总结全词，又点明主题。它表达了词人对普天下有情人的美好祝愿和人们对幸福生活的渴望，展示了作者热诚而广阔的胸怀。

# 醉蓬莱

渐亭皋[1]叶下，陇首[2]云飞，素秋新霁。华阙中天[3]，锁葱葱佳气[4]。嫩菊黄深，拒霜[5]红浅，近宝阶香砌。玉宇[6]无尘，金茎[7]有露，碧天如水。

正值升平，万几[8]多暇，夜色澄鲜，漏声迢递。南极星中，有老人呈瑞[9]。此际宸游[10]，凤辇何处，度管弦清脆。太液[11]波翻，披香[12]帘卷，月明风细。

**【注释】**

1 亭皋：河边亭子。皋意，为河岸边。

2 陇首：山头。

3 华阙中天：华丽的宫殿高耸于半空中。

4 "锁葱葱"句：谓华阙内有浓郁之皇家瑞气。锁，笼罩；葱葱，美好旺盛的样子；佳气，象征祥瑞的光彩。

5 拒霜：木芙蓉花的别称，又名木莲、华木，仲秋开花，耐寒不落，故名。

6 玉宇：指天空。

7 金茎：汉武帝所造用来支撑承露盘的铜柱，此处代指承露盘。

8 万几：同"万机"，指皇帝日理万事，此处用以指皇帝。

9 "南极"两句：南极星，古人又称为老人星，有长寿之兆。

10 宸游：皇帝出游。

11 太液：太液池，原为汉皇家禁苑池，此指宋皇宫内池沼。

12 披香：即披香殿，原为汉时宫殿名，此亦泛指宋宫殿。

**【赏析】**

这是一首颂圣之作，是对太平盛世的歌颂。作者一开始就展现了一幅秋雨新晴图。一场秋雨过后，树叶凋零。山头的云彩飞起，天渐渐晴朗起来。巍峨高大的宫殿笼罩在祥瑞之中，宫殿的台阶和雕栏旁，到处开满了鲜花，黄的是菊花，红的是芙蓉。蓝天像水一般的明净，四处澄净无尘，承露盘中贮满了仙露，预示着喜庆，预示着吉祥。

时值太平盛世，我们贤明的天子才有闲暇出外游玩。更漏声远远地传来，在这个美好的夜晚，象征祥瑞的老人星闪现在天空。贤明的天子啊，你现在在哪里游玩呢？是在波光粼粼的太液池畔吧！那里似乎还传来阵阵的歌声，我们的天子将会在朦胧的月色和习习的微风中，尽享秋夜的凉爽和盛世的快乐。

这首词在铺叙景物时，特别讲究艺术技巧，注重从大小、远近、上下等不同的角度来描绘，将素秋时节皇宫内外的景色描摹得洁净而华丽。作者先从大处和远处着笔，"渐亭皋叶下，陇首云飞，素秋新霁"写皇宫外秋意正浓的氛围。然后写皇宫的巍峨壮观。接下来从小处着笔，描写雕栏旁开满的鲜花。接着又是笔锋一转，把目光聚焦在明净的空中。笔法和视角多次转换，就避免了平铺直叙的呆板。词的最后以写景结束，不但展现了一幅美妙的图画，同时也使人感到韵味悠长。

## 锦 堂 春

坠髻¹慵梳，愁蛾²懒画，心绪是事阑珊³。觉新来憔悴，金缕衣⁴宽。认得这疏狂意下⁵，向人诮譬如闲⁶。把芳容整顿，恁地轻孤，争忍心安。

依前过了旧约，甚当初赚⁷我，偷剪云鬟⁸。几时得归来，香阁⁹深关。待伊要、尤云殢雨¹⁰，缠绣衾¹¹、不与同欢。尽更深、款款问伊¹²，今后敢更无端¹³。

【注释】

1 坠髻：由于松散而下垂的发髻。

2 愁蛾：愁眉。

3 "心绪"句：无心去想任何事情。是事，凡事；阑珊，衰颓，无兴趣。

4 金缕衣：以金缕装饰的舞衣。

5 疏狂意下：狂放不羁，不把人放在心里。意下，心中。

6 诮譬如闲：简直是视若等闲。诮，犹浑也，直也。

7 赚：骗。

8 偷剪云鬟：偷偷地剪下一缕头发相赠。云鬟，女子头发。

9 香阁：女子闺房。

10 尤云殢雨：云雨缠绵，指男女情事。

11 缠绣衾：紧裹绣被。

12 尽更深、款款问伊：到夜深之时，再慢慢问他。

13 无端：无原因。

## 【赏析】

这首《锦堂春》是柳永所创作的一首典型的俗词，词中以代言体的方式塑造了一位泼辣、傲气、不拘礼法的市井女性。词人通过细致的心理描写，声情毕肖地刻画了这样一个人物形象，表达了他对市民意识的认同。这也是柳永所以能赢得广大市民读者的一个重要原因。

"坠髻慵梳，愁蛾懒画"一组四字对偶句，直接表现了这位妇女的精神状态。"坠髻"，表示发髻已松欲散了，而她"慵梳"；"蛾"即蛾眉，指妇女修长弯曲的眉，已经含愁不展了，而又"懒画"，进一步写出她的情绪不佳。"心绪是事阑珊"，是对她意绪的总结，"是事"，犹云事事、凡事，"阑珊"是近乎消极的状态。凡事都打不起精神来做，不只梳妆打扮是如此。内里意兴阑珊，外则面容憔悴，身体消瘦了。"金缕衣宽"，衣裳变得宽大了，便是身体瘦下去了的证据。古人每以衣带宽松表示身体消瘦，柳永《凤栖梧》词也有"衣带渐宽终不悔，为伊消得人憔悴"之句。她之所以憔悴消瘦，是因"疏狂"的年轻人所致："认得这疏狂意下，向人诮譬如闲。""疏狂"，即风流浮浪之意，而用"这"字领出，则此两字又变成指称这种人物。"向人诮譬如闲"，直解就是"对我简直是视若等闲"。这个"人"字是女子自称口吻，用来表达女子怨恨的心情。至此，作者将抒情主人公思念怨恨的对象点明了，对方对自己的态度也已明了。

市民妇女比较注重现实的个人利益，不愿听人摆布自己的命运。所以，词中的女子并不因这个"疏狂"的年轻人而长久地沉溺忧伤之中。她要进行抗争，甚至可以采取各种报复行动。"把芳容整顿"，这是她不甘向命运屈服的第一步。"芳容"即自己的美貌，句意是她又感到很自信，于是重新振作精神，克服慵懒情绪，梳妆打扮起来。这

唐宋名家诗词赏读

与起首两句相照应。"恁地轻孤,争忍心安",说如果因为这点事情就弄得形容憔悴,轻易辜负了自己的青春,怎能心安。这是上片词意的小结,预示着她将要发泄一腔不平的怨恨。

追思往事,使她内心不安和气愤难平的是:"依前过了旧约,甚当初赚我,偷剪云鬟。"古代男女相别之时,有订立盟约、女子剪发以赠的习俗。赠发的意义是为了让男子见发如见人,另外还有以发缠住男子之心的神秘寓意。女主人公怨恨"疏狂"的人竟又像从前一样过了相约的归期,这疏忽大意不止一次了。既然他失约而不遵守诺言,为何当初又骗取她剪下一绺秀发为赠呢?说明他确实"疏狂"之甚,竟把盟约忘却或当作儿戏了。恼恨之下,她盘算着他有一天归来,要设法教训他。第一要"香阁深关",不让他进绣房。如果他进房了,就"待伊要、尤云殢雨,缠绣衾、不与同欢",不让他进被窝,以此逼使和要挟对方反省和屈服。接下来愈发充分表现了这位市井女性的泼辣性格:"尽更深、款款问伊,今后敢更无端。"她听任时间在僵持中过去,等待到更鼓已深,即是半夜了,才严肃地从头到尾、有条有理慢慢数落他的疏狂,要他悔过认错,还要保证今后不能再无原因地爽约。至此,全词戛然而止,至于这女子是否会或怎么样实施她心中的计划,词中不再多言,留下供人想象的空间。

这首词最突出的特点就是"俗",也就是说,柳永这里刻意用俗语写俗事,目的就是为了给"俗人"看。语言上,他主要用浅近的白话,甚至市井俗语,如"是事","认得"、"诮"、"恁地"、"争"、"赚"、"无端"等表现力很强的通俗文学语言。结构上,他主要采用市民所喜闻乐见的浅型结构方式,有细节、有情节,能够紧紧抓住读者。作者巧妙地抓住女主人公梳妆瞬间的心理流程,用内心独白的方式,展现了她极其复杂的内心活动,词意集中凝练,颇能打动人心。

## 定 风 波

自春来、惨绿愁红[1],芳心是事可可[2]。日上花梢,莺穿柳带,犹压[3]香衾卧。暖酥消[4],腻云嚲[5],终日厌厌[6]倦梳裹。无那[7],恨薄情一去,音书无个[8]。

早知恁么<sup>9</sup>，悔当初，不把雕鞍锁<sup>10</sup>。向鸡窗<sup>11</sup>，只与蛮笺象管<sup>12</sup>，拘束教吟课<sup>13</sup>。镇<sup>14</sup>相随，莫抛躲，彩线慵拈伴伊<sup>15</sup>坐。和我，免使年少，光阴虚过。

**【注释】**

1 惨绿愁红：见红花绿叶而心中惨然愁苦。

2 可可：无可无不可，平淡乏味，指心绪不宁。

3 厌：盖。

4 暖酥消：温暖、酥软的身体消瘦。

5 腻云亸：发髻松散下垂，无心梳理。腻云，浓密的云彩，比喻头发；亸，下垂。

6 厌厌：犹"恹恹"，精神不振貌。

7 无那：无奈。

8 无个：没有。

9 恁么：如此。

10 雕鞍锁：即不让恋人走。雕鞍，华美的马鞍，指恋人的坐骑。

11 鸡窗：书斋。据《幽明录》记，晋兖州刺史沛国宋处宗买了一只公鸡，非常喜爱，常放在窗台的笼子里。此鸡居然会讲人语，遂与处宗谈论，极有机智，宋处宗从此大有长进。后遂以鸡窗指书斋。

12 蛮笺象管：指纸和笔。蛮笺，即纸，古代造纸术已经外传，而自唐以来用纸量大增，遂进口大量外国纸张，如高丽纸，故称"蛮笺"，唐人诗中多用此二字；象管，即毛笔，笔管自然有象牙制的，但贵重且不实用，文人们只为说话气派，以其代指笔罢了。

13 吟课：读书作文。

14 镇：整日。

15 伊：他。

**【赏析】**

这首词以歌伎的口吻抒写她同恋人分别后的相思之情，字里行间流露出作者对歌伎的深怜痛惜，这在"万般皆下品，唯有读书高"的封建社会是不为正统文人所认同的，是柳永"俚词"中颇具代表性的作品。

词的上片通过艳丽春光和良辰美景来衬托少妇的孤寂之情。词从春回写起："自春来、惨绿愁红，芳心是事可可。"自从春天回来之后，他却一直杳无音讯。因此，桃红柳绿，都是"惨绿愁红"，尽变为伤心触目之色。一颗芳心无处可以安放，事事都平淡乏味。尽管窗外已是红日高照、韶景如画，可她却只管拥衾高卧。长久以来相思的煎熬，使她憔悴不堪，"暖酥"消损，"腻云"蓬松，可她却依然喃喃自语："无那。恨薄情一去，音书无个。"至此，我们才发现，原来上片用的是倒叙手法，它不仅总结上片中的三个层次，而且还很自然地引出下面的内心活动和感情的抒发。

词的下片极写女主人公内心的悔恨和对美好生活的向往。头三句，点明"悔"字，反映出这位少妇的悔恨之情。用"锁"烘托出感情的真挚、热烈与性格的泼辣。中间是对理想中的爱情生活的设想和追求，主人公的理想就是让心上人安安稳稳地吟诗诵书，自己一旁温存相伴，过一分静谧温馨、形影不离的生活。结尾三句明确表示对青春的珍惜和对生活的热爱。然而现实却是冷酷无情的，多少个被情郎抛弃的青年女子在无边的苦海中虚度着美好的青春年华。柳永这首词写出了她们心中的呼声："和我，免使年少，光阴虚过。"

这首词感情奔放热烈，明显带有市民意识。据张舜民《画墁录》记载：当时北宋著名词人晏殊就很熟悉这首词，并且有不同的看法。一次，柳永去见晏殊。"晏公曰：'贤俊作曲子么？'三变曰：'只如相公亦作曲子。'公曰：'殊虽作曲子，不曾道：彩线慵拈伴伊坐。'柳遂退。"这首词中"镇相随，莫抛躲，彩线慵拈伴伊坐。和我，免使年少，光阴虚过"，传达出遭受压抑的女子向往幸福生活和自由爱情的热烈心声，较少封建思想的羁缚，在"男女授受不亲"的封建时代表现出一种新的思想面貌，难怪晏殊等正统文人认为是俗不可耐和离经叛道的。但对于当时的市井民群来说，也唯有这种毫不掩饰的热切恋情，才是他们备感亲切的东西。

柳永的这种文学追求和他的生活经历密切相关。宦场失意后落魄文人和知书识文的风尘女子极易产生共鸣，这首词就是这种共鸣的产物。难怪元曲大家关汉卿会据此把柳词搬上舞台，用另一种方式传唱这种非正统的精神。

# 诉衷情近

雨晴气爽，伫立江楼望处[1]。澄明远水生光，重叠暮山耸翠[2]。遥认断桥[3]幽径，隐隐渔村，向晚[4]孤烟起。

残阳里。脉脉朱阑[5]静倚。黯然[6]情绪，未饮先如醉，愁无际。暮云过了，秋光老尽[7]，故人千里。竟日空凝睇[8]。

**【注释】**

1 望处：所能望到的地方。

2 耸翠：耸起一道道的翠峰。

3 断桥：残破的桥梁。

4 向晚：傍晚。

5 朱阑：红色的栏杆。

6 黯然：心绪不宁。

7 老尽：衰颓将近，是深秋景色。

8 凝睇：凝眸远望。

**【赏析】**

这是柳永"奉旨填词"漫游江南时所作的一首思念故人的中调词。作为中调这首词写景与抒情时，既不大肆铺叙，也不特别凝练，词旨点到为止，结构完整。

词的上片描写秋景，江南水乡的秋色是平远开阔、疏淡优美的。"雨晴气爽，伫立江楼望处"写的是雨晴之后，溽暑已消，天高气爽，给人以舒适清新之感，这时登江楼远望，很有诗情画意。"澄明远水生光，重叠暮山耸翠"是写目光所及的山水美景，江水是"澄明"的，表现了秋水的特点，"生光"是波浪粼粼闪映所致；更远处是层层苍翠的远山，这都是从高处远眺所见的景象，并通过"暮山"暗示了具体的时间。"遥认断桥幽径"一句，进一步描绘江上秋晚的景色。"遥认"两字用得相当确切，很适合具体的环境，因为久久地"伫立江楼"，眺望中渐渐辨认出较远的景物形象。断桥、幽径、渔村、孤烟，它们在临近黄昏江上秋色的背景中构成了秋色平远的画面。这幅荒江日暮秋色图给人以荒寒、凄清、寂寞的感受，为下片悲秋伤别做了铺垫。

过片以"残阳"的意象承上启下，转入抒情。至此，作者关于具体时间已用"暮山"、"向晚"、"残阳"间接或直接地加以强调，突出秋江日暮对游子情绪的影响。"脉脉朱阑静倚"，含情静倚楼阑，转入思索而动了"黯然情绪"，即伤别情绪。无际的离愁已使人未饮先醉了。"如醉"表现情感的陷溺而不能自拔的状态。这黯然情绪是由"暮云过了，秋光老尽，故人千里"引起的。这是现实中悲秋所生的迟暮之感与客处异乡所生的怀人伤别意绪的混合。现实的景物增强了伤别意绪，因而无法消除，唯有"竟日空凝睇"以寄托对"故人"的思念。作者并未将"故人"写得具体一些，而是含糊其词。联系柳永其他的羁旅行役词来看，这"故人"概指他京都相识的青年歌伎。

这首词虽非柳永的代表作，但也清新可人，结构工巧。上片写秋景，凄美动人；下片思旧情，哀婉感人。意群之间互相照应和映衬，如"伫立"对"静倚"，"暮山"对"暮云"等，词意发展脉络清晰，是一首结构严谨的好词。


## 诉衷情近

幽闺[1]昼永[2]，渐入清和气序[3]。榆钱飘满闲阶，莲叶嫩生翠沼[4]。遥望水边幽径，山崦[5]孤村，是处园林好。

闲情悄[6]。绮陌游人渐少。少年风韵，自觉随春老。追前好[7]。帝城[8]信阻，天涯目断[9]，暮云芳草。伫立空残照[10]。

柳永词赏读

【注释】

1 幽闺：深幽的闺阁，指闺中独处。

2 昼永：白天时间冗长，指万般无聊。

3 清和气序：四月时节。《荆楚岁时记》："四月朔为清和节。"气序，时节、节气。

4 翠沼：绿色的池塘。

5 山崦：山坳。

6 闲情悄：悄然而生的闲愁。

7 追前好：追思从前的情爱。

8 帝城：汴京。

9 目断：目光被遮断。

10 残照：夕阳。

【赏析】

此词重在写羁旅之愁，应是柳永中进士之前漫游南方时所作。上片渲染了一幅暮春之景：榆钱儿随风飘落下来，盖满了寂静无人的台阶，碧绿的池水中漂着初生的莲叶，嫩绿而娇小；远远望去，只见池边有幽静的小路，再往远处看，山坳中有一小小孤村。果然，这里到处风景优美。面对眼前的美好景色，回想京城生活的欢乐与失意，其中相通的应是对美好时光逝去的悲哀。于是词人发出"少年风韵，自觉随春老"的悲叹。所以在下片中，这种美好年华渐渐消逝的感受，使他的悲凉之情愈来愈强，眼前的优美景色再也不能激发出词人的热情。只有京城里与他相知的歌伎，或许能给他带来一点安慰，但此时却天涯相隔，只能是空劳牵挂。结尾"天涯目断，暮云芳草。伫立空残照"，以景结情，色彩鲜明，韵味悠长。清人李渔《窥词管见》谈词的结尾，说："怀人送客，写忧寄慨之词，自首至终，皆诉凄怨，其结句独不言情，而述眼前所见者，皆自状无可奈何之情，谓思之无益，留之不得，不若且顾目前，而目前无人，只有此物。"该词的结尾正如他所说。

## 留 客 住

偶登眺。凭小阑、艳阳[1]时节，乍晴天气，是处闲花芳草。遥山[2]万叠云散，涨海[3]千里，潮平波浩渺[4]。烟村院落，是谁家绿树，数声啼鸟。

旅情悄[5]。远信沉沉[6]，离魂杳杳。对景伤怀，度日无言谁表[7]。惆怅旧欢[8]何处，后约难凭，看看春又老。盈盈泪眼，望仙乡[9]，隐隐断霞残照。

【注释】

1 艳阳：春天的明媚阳光。

2 遥山：远处山峦。

3 涨海：涨潮的大海。

4 浩渺，同"浩淼"，形容水面辽阔。

5 旅情悄：羁旅游宦之情悄然而临。

6 沉沉：没有消息。

7 谁表：向谁表白、倾诉。

8 旧欢：先前的情人。

9 仙乡：情人所居之处。

【赏析】

这首词写于柳永担任晓峰盐场盐监时，这时的词人已是老年将至，经过大半生的奔波他才踏上仕途，但是仕途的困顿又让他疲惫不堪。这首词就反映了他对仕途生活的厌倦和对旧时相知歌伎的思念。

词的上片描写了海边阳春的景色，这在唐宋词中极少有人涉及。词人偶而登楼，倚栏远望，大好的春光迎面扑来。天空刚刚放晴，到处是盛开的鲜花野草，一片生机盎然的景象。远山重重叠叠，天边的云慢慢散去，海水正在涨潮，烟波浩淼，一望无际。海边，被绿树掩映的小村落中，炊烟袅袅升起。鸟儿在欢快地啼叫，不知它是在谁家的绿树上唱歌。

词的下片描写了对往日相恋歌伎的思念。作者面对这明媚的春光，羁旅之愁悄然而至。自从两人分手以后，再也没有彼此的消息。此时满腹的心事，又能向谁诉说！美丽的女孩，你现在身居何处？我们也不知道何时才能相见，任凭这眼前的春色一天天的老去。独自一个人伫立在残阳中，遥望你所居住的地方，不禁潸然泪下。

## 迎春乐

近来憔悴人惊怪。为别后、相思煞[1]。我前生、负你愁烦债。便苦恁难开解[2]。

良夜永、牵情无计奈[3]。锦被里、余香犹在。怎得依前灯下，恣意怜娇态[4]。

【注释】

1 煞：程度副词，十分、非常之意。

2 "便苦恁"句：便苦于如此难以解开。

3 牵情无计奈：牵挂之情无可奈何。

4 怜娇态：怜爱她的娇态。

【赏析】

这首词写词人别后对恋人的相思。词的开头就开门见山写自己因为相思而憔悴，"近来憔悴人惊怪"，通过别人对他日渐憔悴的惊异眼神，诉说了相思之苦对他的煎熬。"我前生、负你愁烦债。便苦恁难开解"两句，构思巧妙，极其生动而且率直地表达了为相思所苦的心情。下片写长夜中的思念。长夜漫漫，词人辗转反侧，难以入眠，"锦被里、余香犹在"，更让他回味以前幸福温馨的生活，何时才能像以前那样，相拥在灯前，诉说甜蜜的爱情呢？

## 隔帘听

咫尺凤衾鸳帐，欲去无因到[1]。鰕须窣地[2]重门悄。任绣履频移，洞房杳杳。强语笑。逞如簧[3]、再三轻巧。

梳妆早，琵琶闲抱，爱品[4]相思调。声声似把芳心告。隔帘听，赢得断肠多少。恁烦恼，除非共伊知道[5]。

【注释】

1 "欲去"句：想离开这里，却又无由到情人的身边。

2 鰕须窣地：门帘拖在地上。鰕须，又作虾须，即门帘；窣地，拖在地上。

3 逞如簧：逞弄如簧巧舌。因此女为歌伎，以歌舞卖笑为生，故不得不对人言笑。

4 品：品味。

5 共伊知道：使他知道。

**【赏析】**

这首词写一个歌伎的闺中之思。主人公作为一个以卖笑为生的歌伎，当她陷入爱河时，注定了要品味常人难以体味的孤独。她思念自己的恋人，本来就愁肠百结了，但是为了生存，却要依然强颜欢笑，"强语笑、逞如簧、再三轻巧"，这最使人痛心！由于思念恋人，她"琵琶闲抱，爱品相思调"，但是前来听她弹奏琵琶的公子王孙们，都是来寻找放浪的生活的，任凭她"声声似把芳心告"，最终"隔帘听，赢得断肠多少"，是没有人真正成为她的知音的。听到她弹奏的人是不该来的人，应该欣赏她弹奏的人偏偏又不在，其中的尴尬又给她增添了许多的烦恼。"恁烦恼，除非共伊知道"，她所盼望的就是恋人对她的理解和欣赏，这才能消除她内心的烦恼，表现了歌伎对自由爱情和人格尊严的追求。

## 凤 归 云

恋帝里，金谷园林[1]，平康[2]巷陌，触处繁华，连日疏狂[3]，未尝轻负，寸心双眼[4]。况佳人、尽天外行云[5]，掌上飞燕[6]。向玳筵、一一皆妙选[7]。长是[8]因酒沉迷，被花萦绊。

更可惜、淑景[9]亭台，暑天枕簟。霜月夜凉，雪霰朝飞，一岁风光，景随分[10]，俊游清宴。算浮生事，瞬息光阴[11]，锱铢[12]名宦。正欢笑，试恁[13]暂时分散。却是恨雨愁云，地遥天远。

**【注释】**

1 金谷园林：晋朝石崇在此置有别墅，在河南洛阳市西北，为当时文人士大夫聚游之地。此指汴京富贵人家的园林。

2 平康：唐朝长安市中地名，在丹凤街即平康坊，也称平康里，是歌伎聚居的地方，唐新进士常往游乐，此泛指汴京伎坊。

3 疏狂：放纵自己的情志。

4 "未尝"二句：从没有舍弃自己所喜爱、所看中的人。

5 天外行云：仙女。喻歌伎们皆美丽异常。

6 掌上飞燕：传说汉成帝皇后赵飞燕，貌美身轻能作掌上舞。此喻歌伎们舞姿优美。

7 妙选：挑选出来的绝妙佳人。

8 长是：长期皆如此。

9 淑景：美景。

10 随分：照例，照样。有随人同乐的意思。

11 瞬息光阴：一生光阴瞬息之间就过去了。

12 锱铢：锱、铢皆古重量单位，十黍为累，十累为铢，六铢为锱，二十四铢为一两。锱铢连用以喻轻微、细小。此句意为在短暂的人生之中，名利、官宦实在是太微小了。

13 试恁：尝试着，只道是。

【赏析】

这首词表现了柳永对功名利禄的虚幻感，并因此而渴望通过及时行乐来填充人生空虚的思想。词的上片铺写了词人放浪的生活，"恋帝里，金谷园林，平康巷陌，触处繁华"，这几句描写了京城的繁华和词人过着四处宴饮欢游的生活。"连日疏狂，未尝轻负，寸心双眼"，词人在温柔乡中放纵自己的情志。在他眼中，佳人都是国色天香，丽质天成，"况佳人、尽天外行云，掌上飞燕。向玳筵、一一皆妙选"，所以他"长是因酒沉迷，被花萦绊"，终日过着美酒相伴、佳人相陪的生活。

词的下片进一步描写了他的放荡生活，并揭示了他及时行乐思想的原因。"淑景亭台，暑天枕簟。霜月夜凉，雪霰朝飞"，描写了他一年中在良辰美景中的快乐。是什么原因刺激了他呢？"算浮生事，瞬息光阴，锱铢名宦"，原来是他对功名利禄产生的虚幻感。他感慨人生短暂且漂泊不定，名和利都是微不足道的！只有"因酒沉迷，被花萦绊"的狂欢才能慰藉他那颗脆弱的心灵！柳永在对俊游清宴的迷恋中，透露出一种生命的沉重感，发出了"恨雨愁云，地遥天远"的沉痛的呼喊。正是这分沉重，使得柳永的词不同于庸俗的艳情之作，而有了深刻的内涵和意义。

## 抛 球 乐

晓来天气浓淡[1]，微雨轻洒。近清明，风絮巷陌[2]，烟草池塘，景图画。艳杏暖、妆脸匀开[3]，弱柳困、宫腰低亚[4]。是处丽质盈盈[5]，巧笑嬉嬉，手簇秋千架。戏彩球罗绶[6]，金距芥羽[7]，少年驰骋，芳郊绿野。占断五陵游[8]，奏脆管、繁弦声和雅。

向名园深处，争泥画轮[9]，竞羁宝马。取次[10]罗列杯盘，就芳树、绿阴红影下。舞婆娑，歌宛转，仿佛莺娇燕姹[11]。寸珠片玉[12]，争似此、浓欢无价。任他美酒，十千一斗[13]，饮竭仍解金貂贳[14]。恣幕天席地[15]，陶陶尽醉太平，且乐唐虞[16]景化[17]。须信艳阳天，看未足、已觉莺花谢。对绿蚁[18]翠蛾[19]，怎忍轻舍。

【注释】

1 浓淡：或浓或淡，多有变化。

2 风絮巷陌：路上到处飘扬着被风吹起的柳絮。

3 妆脸匀开：比喻杏花艳丽如美人新妆后的脸。

4 宫腰低亚：比喻柳枝轻柔低垂如美人的细腰。宫腰，即楚宫腰，以细著称。

5 丽质盈盈：有很多的美女。

6 彩球罗绶：用绶带将彩球系于身上，古寒食节时人有佩带彩球的习惯。罗绶，绶带，用以系彩球。

7 金距芥羽：指斗鸡游戏。芥即以碎芥子播撒在鸡翅上，金距即以金属制套装在鸡爪上。

8 五陵游：富贵子弟游乐。五陵，为汉长安五地名，即长陵、安陵、阳陵、茂陵、平陵。后人多以五陵言富家少年。

9 争泥画轮：竞相停下豪华的车辆。泥，此处通"柅"，上车之木；画轮，装饰豪华宝鞍的骏马。

柳永词赏读

79

10 取次：依次。

11 莺娇燕姹：形容歌声娇媚迷人。姹，通"咤"，高声鸣叫。

12 寸珠片玉：财宝。此句言为买得一时欢笑，当不惜财宝。

13 十千一斗：美酒。

14 金貂赁：以华贵之帽子典当、抵押。金貂，指饰以金珰和貂尾的帽子；赁，意为出赁，赊借。

15 幕天席地：以天为幕，以地为席。形容恣意宴饮的豪气。

16 唐虞：唐尧和虞舜，传说中上古圣王，治得天下太平。

17 景化：即影化，天下随影而得教化，即天下太平之意。

18 绿蚁：酒上泛起的绿色浮沫，亦为酒的代称。

19 翠蛾：美女。

【赏析】

这首词极写春天的良辰美景、赏心乐事，表达了纵情狂欢时的喜悦。

词的上片描绘了迷人的春景。词从描绘春景开始：春天来了，天气乍晴乍阴，早晨刚下了一场小雨，已近清明，城里城外的大街小巷飘荡着杨柳的飞絮。池塘边长满了烟雾般的碧草，眼前真像是一幅美丽的图画。杏花开了，如新妆的女孩娇好的面容；柳丝低垂，就像美人袅娜的腰肢。紧接着作者描写了少男少女游春的情形。郊外到处是游春的美貌佳人，她们在一起嬉戏打闹，争着荡秋千。在开满鲜花、长满绿草的地方，衣着华丽的贵族子弟正在尽情地玩耍，他们有的在草原上赛马，有的斗鸡，有的抛彩球。一阵阵清脆的歌声伴着欢笑声从远处传来。

词的下片抒发了作者及时行乐的思想。游春的人们纷纷下马，来到园林的深处。随意地在绿荫花下摆放一些杯盘酒菜，看歌女们翩翩起舞，如黄莺娇羞地鸣啼，如飞燕姿态美丽。昂贵的珍珠美玉怎能比得上眼前这无价的快乐。即使这美酒一斗值十千，即使已经用尽所有的盘缠，我也会解下贵重的帽子换酒尽情地喝。适逢太平盛世，哪能不尽情地欢乐呢？要知道，眼前虽然是阳春三月，如果不尽情享受，很快就会莺飞花谢。

这首词表达了作者及时行乐的思想，作者梦想尽情地享受眼前之美景，耳边之美声，身边之美人，唇边之美酒，这是他的人生理想，反映了词人对世俗生活的热爱。

## 集 贤 宾

小楼深巷[1]狂游遍，罗绮[2]成丛。就中堪人属意[3]，最是虫虫[4]。有画难描雅态，无花可比芳容。几回饮散良宵永，鸳衾暖、凤枕香浓。算得人间天上，惟有两心同。

近来云雨忽西东。诮恼损情悰[5]。纵然偷期暗会，长是[6]匆匆。争似和鸣[7]偕老，免教敛翠啼红[8]。眼前时、暂疏欢宴，盟言在、更莫忡忡[9]。待作真个宅院[10]，方信有初终[11]。

【注释】

1 小楼深巷：指歌伎们聚居之地。

2 罗绮：丝绸彩娟做的衣服，此代指歌伎。

3 就中堪人属意：其中值得倾心的。

4 虫虫：歌伎名，又称虫娘，为柳永所钟情者，曾在词作中多次提及。

5 情悰：欢乐深情。

6 长是：总是。

7 和鸣：古人以凤凰和鸣喻夫妻和谐。

8 敛翠啼红：皱眉垂泪。翠，为画眉用的青黑色饰料；红，为胭脂，随泪而下，故曰啼红。

9 忡忡：心中忧愁貌。

10 待作真个宅院：意为欲将虫娘娶为妻妾。宅院，普通人家，与妓家的"行院"相对而言。

11 初终：有始有终。

【赏析】

这是柳永困居东京汴梁时为青楼歌伎虫娘所作的一首词，用以表白词人对虫娘的真挚情意，借以向虫娘许下庄重的诺言。虽然柳永踏入仕途后，由于种种客观原因终未实践这一诺言，但当时的历史条件下，能于作品中大胆示爱求偶已属难能可贵了。

　　"小楼深巷狂游遍"几句写柳永于众多歌伎中，只对虫娘一人情有独钟。"小楼深巷"即指平康坊曲之所、歌伎们聚居之地。北宋都城多有教坊妓馆，这些坊曲之中身着罗绮、浓妆艳抹的歌伎甚众，但柳永却特别属意于虫虫（虫娘），因为她是一位温柔俊俏、色艺超群的多情女子，"有画难描雅态，无花可比芳容"。自然有比虫虫更为风流美貌的，而具有雅态的却极为稀少。"雅态"是虫虫的特质，这种"雅态"源于品格和志趣的高雅，全不像是风尘中的女子。柳永之所以爱慕虫虫正由于此。歌伎们虽然受制于娼家，失去了人身自由，但她们的情感是可以由自己支配的。柳永由于同情和尊重她们，因而能获得其真情，相互知心。以往的日月里他们曾"几回饮散良宵永"，俩人幸福地相聚，"凤枕香浓"，人间天上似只存他们的真情了。上片追述两人相爱的历史，情真意切。

　　过片以"近来"两字将词意的发展由往昔转到现实，"云雨忽西东"，说明现在他们的爱情出现了一些波折。他能理解由于歌伎特殊的职业关系，云雨西东，这几乎使他俩失去了欢乐之趣。从与虫虫"偷期暗会，长是匆匆"的情形来推测，柳永困居京都，已失去经济来源，不可能千金买笑在歌舞场中挥霍了，因而与虫虫的聚会只能偷偷地进行，而且来去匆匆。由此他希望与虫虫过一种鸾凤和鸣、白头偕老的正常夫妇生活，以结束相会时愁颜相对的难堪场面。虫虫于匆匆相会时"敛翠啼红"，暗示了他们爱情的不幸。此情形，词人提出了暂行办法和长远打算。暂行的办法是"眼前时、暂疏欢宴"，疏远一些，以避开各种外界压力。他劝慰虫虫不要忧心忡忡，请相信他的山盟海誓。长远的打算是使虫虫能"作真个宅院"。柳永是真正打算娶虫虫作"宅院"的，只有到了那时，才算是他们的爱情有始有终。下片恰当地表达了词人内心复杂的情感，达到了劝慰虫娘的目的。

　　从这首词可以看出，柳永是抱着一腔真挚的感情把一位封建社会底层中被侮辱、被损害的歌伎虫娘当成了自己真诚爱慕的对象。虫娘是在他落魄的情形下与他相爱的，所以柳永决心一举成名后来报答她的深情。整首词委婉曲折，真实地再现了柳永当时的心声。

# 殢人娇

当日相逢，便有怜才深意[1]。歌筵罢、偶同鸳被。别来光景[2]，看看经岁[3]。昨夜里、方把旧欢重继。

晓月将沉，征骖已备[4]。愁肠乱、又还分袂[5]。良辰好景，恨浮名[6]牵系。无分[7]得、与你恣情[8]浓睡。

【注释】

1 怜才深意：深有爱才的心意。

2 光景：时光。

3 经岁：一整年。

4 征骖已备：征马已经备好。将鞍辔等套在马上称备。

5 分袂：分别。

6 浮名：功名。因将功名看作是身外之物，故称之为浮名。

7 无分：无缘。

8 恣情：任情，纵情。

【赏析】

这首词写词人与恋人重逢和再次分离时的情景。词从初次见面写起，"当日相逢，便有怜才深意"，他们相知相爱以后，词人不得已与她分别。经过了一年相思的煎熬，终于"昨夜里、方把旧欢重继"。但是人生聚少离多，草草一聚，匆匆又是分别，"晓月将沉，征骖已备。愁肠乱、又还分袂"，这凄冷的黎明和沉沉落下的晓月正写出了离人悲痛欲绝的心情。"良辰好景"，都因为"浮名牵系"，所以就连"与你恣情浓睡"这种普通人平淡安静的生活，都是可望而不可即的。

词人和这位女子两度相逢，但为了功名利禄不得已又两度分离，这让他体味到人生如萍踪鸿影，这种偶然发生却又不能最终拥有的恋情，最能使人体味到人生的脆弱与无奈。柳永把这种充满苦涩又充满甜蜜的恋情倾诉得缠绵动人！

柳永词赏读

# 思 归 乐

天幕清和¹堪宴聚。相得尽、高阳俦侣²。皓齿善歌长袖舞³，渐引人、醉乡深处。

晚岁光阴能几许。这巧宦⁴、不须多取。共君事把酒听杜宇，解再三、劝人归去。

**【注释】**

1 天幕清和：天气晴朗温和。

2 高阳俦侣：即高阳酒徒，此处指好饮之酒友。典出《史记·郦生陆贾列传》：高阳人郦食其欲见刘邦，刘邦听说他貌若大儒便让使者谢绝见他。于是"郦生嗔目案剑叱使者曰：'走！复入言沛公，吾高阳酒徒也，非儒人也。'"

3 皓齿、长袖：代指歌伎。

4 巧宦：凭机会得到的官职。

**【赏析】**

这是作者对仕途坎坷的疲倦和对美好青春逝去的惋惜。词从春天的美景写起：天气清和，这是一个多么适宜朋友相聚的时节，况且大家又都是嗜酒之人。宴会上，歌伎长袖曼舞，缓缓吟唱。歌声多么婉转悠扬，舞姿多么袅娜优美，不知不觉，大家都沉沉地醉了。人到晚年，还能有多少快乐的时光，虽然现在官职卑微，但也没有必要投机钻营。远处传来杜鹃的啼声——"不如归去"、"不如归去"，这是在召唤我们吗？

柳永晚年登第，开始走上仕途，仕途的坎坷让他感到了人生的疲惫，他开始意识到自己苦苦追寻的人生道路——仕途，是在无谓地消耗美好的青春年华。朋友、美酒、美景和佳人，这才是安顿他疲惫心灵的归宿。柳永及时行乐的思想饱含着仕途的艰辛和痛楚。

# 应 天 长

残蝉渐绝。傍碧砌修梧[1]，败叶微脱。偶露凄清，正是登高时节[2]。东篱[3]霜乍结。绽金蕊、嫩香[4]堪折。聚宴处，落帽风流[5]，未饶前哲[6]。

把酒与君说。恁好景佳辰，怎忍虚设。休效牛山[7]，空对江天凝咽[8]。尘劳无暂歇[9]。遇良会、剩偷[10]欢悦。歌声阕。杯兴方浓，莫便中辍[11]。

【注释】

1 碧砌修梧：青砖石的台阶，挺拔的梧桐树。砌，台阶。

2 登高时节：指重阳节，人皆登高饮酒。

3 东篱：陶渊明《饮酒》诗云："采菊东篱下，悠然见南山。"后人以东篱指菊，亦指隐士。

4 嫩香：初开的菊花。

5 落帽风流：指宴会上的名士风流。典出《晋书·孟嘉传》："九月九日，温宴龙山，僚佐毕集。时佐吏并著戎服，有风至，吹嘉帽堕落， 嘉不之觉。温使左右勿言，欲观其举止。嘉良久如厕，温令取还之，命孙盛作文嘲嘉，著嘉坐处。嘉还见，即答之，其文甚美，四座嗟叹。"

6 前哲：前代贤人，如前所说陶渊明、孟嘉等人。

7 牛山：在今山东临淄南。《晏子春秋》载："景公游于牛山，北临其国城而流涕曰：'若何滂滂去此而死乎？'艾孔、梁丘皆从而泣。"后人以景公牛山之泣为恋生惧死之喻。

8 凝咽：泣不成声。

9 "尘劳"句：官场俗事没有停止之时，使人劳累。

10 剩偷：多贪享。

11 中辍：中断，中止。

【赏析】

这首词写于重阳节，表达了作者在登高宴饮时产生的对仕途的

柳永词赏读

85

厌倦和对世俗人生的向往。

　　蝉声一天天稀少了，梧桐叶也渐渐凋零。秋风变得更清爽了，这正是重阳登高的时节。菊花在白霜中开得正盛，金黄色的花蕊散发出淡淡的香气，正是采菊赋诗的最佳时节。筵席上聚集着众多的名士文人，他们的风流不亚于前代的贤哲。词人不禁举起酒杯劝慰大家道：尽情地痛饮吧，不要辜负了这美好的时光！不要学习齐景公，对着辽阔的江山，为人生的短暂而潸然泪下。仕途是多么的劳累，碰到这样的欢会真不容易。虽然歌声渐渐低了，但是我们的酒兴正浓，不要让快乐的时光白白溜走。

　　这首词表现了柳永对仕宦生涯超脱的态度。柳永的超脱不同于一般传统文人的超脱，他们大多辞归故里而隐逸于山林，柳永则是归于世俗生活的享受，这很像白居易的人生追求。刘熙载说："词品喻诸诗，东坡、稼轩，李杜也。耆卿，香山（白居易的号）也。"


## 合 欢 带

　　身材儿、早是 [1] 妖娆。算风措 [2]、实难描。一个剪浑似玉，更都来、占了千娇。妍歌艳舞，莺惭巧舌 [3]，柳妒纤腰。自相逢，便觉韩娥 [4] 价减，飞燕 [5] 声消。

　　桃花零落，溪水潺湲 [6]，重寻仙径非遥。莫道千酬一笑 [7]，便明珠、万斛须邀 [8]。檀郎 [9] 幸有，凌云词赋 [10]，掷果风标 [11]。况当年 [12]，便好相携，凤楼深处吹箫。

【注释】

1 早是：很是。

2 风措：风情、举措。

3 莺惭巧舌：她美妙的歌声使善唱的莺都感到惭愧。

4 韩娥：古之善唱者。

5 飞燕：赵飞燕。

6 潺湲：缓慢地流淌。

7 千酬一笑：千金买一笑。

8 "便明珠"句：就是用万斛明珠相邀也是应该的。斛，是古代量度单位，十斗为一斛，南宋末年改为五斗为一斛。

9 檀郎：因古之美男潘安小字檀奴，故女子多称其所爱为檀郎，此语在宋诗词中常见。

10 凌云词赋：词赋水平很高。

11 挪果：指妇人调笑男人。风标：风度，风貌。

12 当年：正当年轻，或年龄相当之意。

【赏析】

《合欢带》，柳永自制曲，盖因咏合欢而取名。此词为恋伎词，是写歌伎与才子的互相爱慕。上片从才子着笔，写歌伎的漂亮。先写其身材之美与仪态之美，再写其肤色白嫩，仪态千娇，又能歌善舞，自相逢之日起便觉得她超过韩娥和赵飞燕。

下片写男主人公，强调其才学、风度，更主要的是其"千金买笑"的痴情和勇气。"桃花"三句用刘晨、阮肇典写重寻所欢，"莫道"二句写所欢其价无比，"檀郎"三句又从歌伎着笔，写对才子才情的思慕，"况当年"三句写双方早有相期之情。这种才子佳人的模式在后代小说和戏曲中相当流行，它实际上反映了文人在事功之外，寻求肯定自我价值、获得社会认可的一种愿望。

# 少 年 游

长安古道马迟迟[1]，高柳乱蝉嘶。夕阳岛外[2]，秋风原上，目断四天垂[3]。

归云[4]一去无踪迹，何处是前期[5]？狎兴[6]生疏，酒徒萧索，不似去年时。

【注释】

1 迟迟：缓缓而行。

2 夕阳岛外：即岛外夕阳，岛如山峦。

3 目断四天垂：目光可达四方下垂的天幕。

4 归云：象征自己漂泊的身世。

柳永词赏读

87

5 前期：预约。

6 狎兴：游乐的兴致。

【赏析】

这首小词以深秋的长安为背景，触目伤怀，抒发了词人"秋逝易感"的失志之悲和离愁别恨。全词不事雕琢，采用白描手法，营造出一种低沉萧瑟而又恬淡清丽的意境。

开端的"长安"可以有写实与托喻两重含义。就写实而言，柳永确曾到过陕西的长安，另一首《少年游》中，他写过"参差烟树灞陵桥"之类的句子。

就托喻而言，"长安"原为中国历史上著名古都，诗人往往以"长安"借指首都所在之地，而长安道上来往的车马便也往往被借指为对于功名禄位的争逐。柳永此词"马"字之下接上"迟迟"两字，这便与前面的"长安道"所可能引起的争逐联想，形成了一种强烈的反衬。至于"道"字上着一"古"字，则又可以使人联想及此长安道上的车马之奔驰，原是自古而然，因而遂又可产生无限沧桑之感。总之，"长安古道马迟迟"一句意蕴深远，既表现了词人对争逐之事早已心灰意冷，也表现了一种对今古沧桑的深沉感慨。

"高柳乱蝉嘶"一句，写秋蝉之嘶鸣更独有一种凄凉之致，也表现出一种时节变易、萧瑟惊秋的哀感。柳永在"蝉嘶"之上，还加了一个"乱"字，如此便不仅表现了蝉声的缭乱众多，也表现了被蝉嘶而引起哀感的词人之心情的缭乱纷纭。至于"高柳"二字，一则表示了蝉嘶所在之地，再则又以"高"字表现了"柳"之零落萧疏，低垂的浓枝密叶已凋零，所以乃弥见树之"高"也。这一句给人的总体感受是凄凉萧索。

"夕阳岛外，秋风原上，目断四天垂"三句，写词人秋日郊野所见之萧瑟凄凉的景象，"夕阳岛外"一句足可以表现郊原之辽阔无垠。值此日暮之时，郊原上寒风四起，故又曰"秋风原上"，此景此情之中，一失志落拓之词人，又将所归何处呢？"目断四天垂"，只见天苍苍，野茫茫，双目望断而终无一归处。上片是词人自写今日之飘零落拓、望断念绝，自外界之景象着笔，感慨极深。

下片，开始写对于过去的追思，感慨一切希望与欢乐已难复得。

"归云一去无踪迹"是对一切消逝不可复返之事物的一种象喻，此句之喻托，则其口气实与下句"何处是前期"直接呼应。所谓"前期"者，是旧日的志意心期和旧日的欢爱约期。对于柳永而言，这两种期待和愿望都已经同样落空了。下面三句乃直写自己今日的寂寥落寞，"狎兴生疏，酒徒萧索，不似去年时。"早年失意之时的"幸有意中人，堪寻访"的狎玩之意兴，今已经冷落荒疏，而当日与他一起歌酒流连的"狂朋怪侣"也都已老大凋零。志意无成，年华一往，于是便只剩下了"不似去年时"的悲哀和叹息。这一句"不似去年时"气脉贯注，富于伤今感昔的慨叹，叹的是所追怀眷念的往事已无迹可循。以"归云"为喻象，写一切期望之落空，最后三句以悲叹自己之落拓无成作结。全词情景相生，虚实互应，是一首艺术造诣极高的好词，也是柳永悲剧性人生的缩影。作为一个禀赋有浪漫之天性及谱写俗曲之才能的青年，命中注定了是一个充满矛盾不被接纳的悲剧人物。这首词不仅形象地描绘出高柳乱蝉、夕阳秋原的凄凉之景，而且更寄寓着作者浓重的离愁别恨和沉痛的身世之感。通篇采用白描手法，语言朴素，意境淡远。不论从思想上还是从艺术上来说，此词都对宋词的发展具有开拓性的意义。

## 少年游

参差烟树灞陵桥[1]，风物尽前朝[2]。衰杨古柳，几经攀折，憔悴楚宫腰[3]。

夕阳闲淡秋光老，离思满蘅皋[4]。一曲阳关[5]，断肠声尽，独自凭兰桡[6]。

【注释】

1 灞陵桥：又称灞桥，在今西安市东灞水上。古人送客者，习惯于至此桥边，折柳相赠而别。

2 尽前朝：与前朝一样。

3 楚宫腰：细腰美人。此处比喻柳条。

4 蘅皋：长满香草的河岸。蘅，即杜衡，香草名；皋，为河泽、河边。

5 阳关：曲名，即《阳关三叠》，其词为王维所作《渭城曲》，末两句为："劝君更尽一杯酒，西出阳关无故人。"

6 兰桡：用木兰树做的船桨，此处指船。

**【赏析】**

这首词抒发了作者于长安东灞桥这一传统离别场所与友人分别时的离愁别恨和怀古伤今之情。全词通过富有寓意和韵味的景物描写来表达悲愁与离愁、羁旅与感昔的双重惆怅，使人触景生情，见微知著。

开篇总览灞桥全景"参差烟树灞陵桥"一句，直接点明所咏对象，暮色苍茫中，杨柳如烟，柳色明暗处，灞桥横卧。灞桥是别离的象征，眼前凄迷的灞桥暮景更易牵动羁泊异乡的情怀。灞桥不仅目睹了人世间的离鸾别鹤之苦，而且也是人世沧桑、升沉变换的见证。"风物尽前朝"一句，紧承首句又拓展词意，使现实的旅思羁愁与历史的兴亡之感交织，把空间的迷茫感与时间的悠远感融为一体，貌似冷静的描述中，透露出作者沉思的神情与沉郁的情怀。"衰杨古柳"三句从折柳送别着想，专写离愁。作者想象年去岁来，多少离人在此折柳赠别，杨柳屡经攀折，纤细轻柔的柳条竟至"憔悴"！已不胜攀折。以衰景映衬哀情，借伤柳以衬伤别，愈加突出人间别离之频繁，别恨之深重。

下片自"夕阳闲淡秋光老"一句始，词境愈加凄清又无限延伸。面对灞桥，已令人顿生离思，偏又时当秋日黄昏，日色晚，秋光老，夕阳残照，给本已萧瑟的秋色又抹上一层惨淡的色彩，也给作者本已凄楚的心灵再笼罩一层黯淡的阴影。想到光阴易逝，游子飘零，离思愁绪绵延不尽，终于溢满蘅皋了。"离思满蘅皋"，是用夸张的比喻形容离愁之多，无处不在。

"一曲阳关"两句，转而从听觉角度写离愁。作者正目瞻神驰，离思索怀，身边忽又响起《阳关》曲，将作者思绪带回眼前的离席。眼前正在进行一场深情的钱别，而行者正是自己。客中再尝别离之苦，旧恨加上新愁，已极可悲，而此次分袂，偏偏又是在传统的离别之地，情形倍加苦堪，耳闻《阳关》促别，自然使人肝肠寸断了。至此，目之所遇，耳之所闻，无不关乎悲情离分。词末以"独自凭兰桡"陡然收煞。"独自"二字犹为沉重，依依难舍的别衷、孤身飘零的苦况，尽含其中。

这首词运用了回环断续的艺术手法，借助灞桥、古柳、夕阳、阳关等寓意深远的意象，不加丝毫议论，只通过凭吊前朝风物，就抒发无限的感慨，做到了"状难状之景，达难达之情，而出之以自然"（《宋六十一家词选例言》）。


## 少 年 游

淡黄衫子郁金裙[1]，长忆个人人[2]。文谈闲雅，歌喉清丽，举措好精神。

当初为倚深深宠，无个事、爱娇嗔。想得别来，旧家模样[3]，只是翠蛾颦。

【注释】

1 郁金裙：郁金香花色的裙子。郁金香开黄花。

2 人人：当时对情人亲密的称呼。

3 旧家模样：原先的模样。

【赏析】

这首词写女子对恋人的相思。这是一位清纯而多情的女子，"淡黄衫子郁金裙"写她活泼的装束，她满含柔情地思念她的意中人，"文谈闲雅，歌喉清丽，举措好精神"，是一个风流倜傥又颇有才艺的书生。为了博得他的深情，她"无个事、爱娇嗔"。不幸的是他们分别好久了，假如他再来相聚，我的容颜没变，只是双眉为了思念他而紧皱。这首词在描写这位多情女子的字里行间，充满了体谅和同情。

# 少 年 游

一生赢得是凄凉，追前事、暗心伤。好天良夜，深屏¹香被，
争忍便相忘。

王孙²动是³经年去，贪迷恋、有何长。万种千般⁴，把伊情分，
颠倒⁵尽猜量。

【注释】

1 深屏：裹紧。

2 王孙：对青年男子的称呼，也用来称呼游子。

3 动是：动不动，轻易。

4 万种千般：千思万想。

5 颠倒：颠来倒去。

【赏析】

此词是代歌伎抒写被遗弃的痛苦，表现词人对歌伎命运的同情。
这首词描写了一位多情歌伎的又一个无眠的夜，她一个人静静地坐在
窗前，想起自己的风尘生涯，不由得暗暗伤心，潸然泪下。感慨自己
的一生似乎总在歌舞欢笑中度过，可最终只落得凄凉满怀。她想起
过去与意中人一起度过的无数良宵，闺房中的浓情蜜意，怎能一下
子就忘记呢？可是自己的意中人呢？他或许早就和另一位佳人去欢
度良宵了。

词的下片着重渲染了女子的痴情。她的意中人往往一去就音信
全无，几年都不回来一次，但她仍苦苦恋着他。她摆脱不了对情人的
思念和猜测，反复思量他的万千柔情，猜测他也许遇到了什么事情，
暂时不能回到自己身边，也许他过一段时间就会回心转意，最终能和
自己长相厮守。这位多情的女子思念情人，不管对方感情如何也不改
变自己的思情。这首词直抒胸臆，语言通俗，没有用任何景物来烘托
歌伎的痛苦心情，但对歌伎的心理活动进行了细腻的描摹。尤其是最
后三句，生动地揭示了她的内心世界。

柳永是忠于生活、正视现实的词人，他一生仕途失意，所以对沦

落风尘的女子容易产生惺惺相惜之情。在这首小词里表现了歌伎的痛苦，词人在对她们表示理解和同情的同时也表达了自己的心声，"一生赢得是凄凉"，不也正揭示了他内心的痛苦吗？

## 少 年 游

　　**日高花榭懒梳头，无语倚妆楼[1]。修眉敛黛[2]，遥山横翠，相对结春愁[3]。**

　　**王孙走马长楸陌[4]，贪迷恋、少年游。似恁疏狂，费人拘管，争似不风流[5]。**

### 【注释】

1 妆楼：女子所居之阁楼。

2 修眉敛黛：细长的眉毛紧皱成一团黑。

3 春愁：思春之愁，即相思之情。

4 走马长楸陌：意为离乡出游。长楸，高大的梓树，桑梓曾作为社树，故古人以之代故乡。

5 "似恁"三句：他是如此的纵情，不听人的拘束，怎会不风流呢？

### 【赏析】

　　这首词写思妇对游子的思念和猜疑。"日高花榭懒梳头，无语倚妆楼"一句写她因为思念的人游宦他乡，所以无精打采地打发时光。"修眉敛黛，遥山横翠，相对结春愁"，写女子看着翠色的远山暗暗生愁。这句话构思极巧妙，女子紧缩的双眉是愁的表现，翠色的远山没有情感，也容易使人产生悲愁。词人写女子的双眉和翠山相对生愁，把远山拟人化了。由于久久不归，所以她对风流偶傥的游子产生了猜疑，"似恁疏狂，费人拘管，争似不风流"，他或许在外边另觅新欢。这种猜疑符合女主公的心理，也传达出了她无可奈何的情绪。

柳永词赏读

## 少年游

佳人巧笑值千金，当日偶情[1]深。几回饮散，灯残香暖，好事尽鸳衾。

如今万水千山阻，魂杳杳[2]、信沉沉[3]。孤棹烟波[4]，小楼风月[5]，两处一般心。

【注释】

1 偶情：偶然产生的相爱之情。

2 魂杳杳：心绪不宁，若有所失。

3 信沉沉：音信渺茫。

4 孤棹烟波：指在外漂泊之行人。

5 小楼风月：指独守闺阁之女子。

【赏析】

这首词写宦游在外的士子对恋人的思念。这是一段不期然而产生的感情，当时佳人"巧笑值千金"，对自己深情款款，经过"几回饮散，灯残香暖"，他们结为同心。但是不得已的人生之路又使得两人分离，"如今万水千山阻，魂杳杳、信沉沉"，两人虽然拥有着深深的情意，但是千山万水相隔，不能长相聚，真是造化弄人！最终他们一个在"孤棹烟波"的飘摇中愁肠百结，一个在"小楼风月"中痴情地等待，这或许就是命运的安排吧！

## 长 相 思

画鼓[1]喧街，兰灯[2]满市，皎月初照严城[3]。清都[4]绛阙夜景，风传银箭[5]，露瀁[6]金茎。巷陌纵横。过平康[7]款辔[8]，缓听歌声。凤烛荧荧。那人家、未掩香屏。

向罗绮丛中[9]，认得依稀旧日，雅态轻盈。娇波[10]艳冶，巧笑[11]依然，有意相迎。墙头马上[12]，漫迟留[13]、难写深诚[14]。又岂知、名宦拘检[15]，年来减尽风情[16]。

【注释】

1 画鼓：有龙凤形彩绘的鼓。

2 兰灯：以泽兰所炼之油为燃料的灯，又称兰釭。

3 严城：肃冬中的城。

4 清都：天帝所居之地。

5 银箭：古刻漏之箭，以之计时。

6 露霭：很盛的雾气，为云气不明貌。

7 平康：长安城中地名，唐时歌伎云集之所。

8 款辔：放马慢行。

9 罗绮丛中：歌伎群中。

10 娇波：眼神含情貌。

11 巧笑：笑容美丽。《诗经·卫风·硕人》："巧笑倩兮，美目盼兮。"

12 墙头马上：喻两心相爱。

13 漫迟留：流连忘返。

14 难写深诚：情深意长，难以描写。

15 名宦拘检：被名声与官职约束牵绊。名宦，名声和官职。

16 减尽风情：使感情不得发挥，不能相互厮守。

【赏析】

这首词写词人对一位歌伎的思念。词从元宵节的夜景写起，那是当时两人相遇时的情景。"画鼓喧街，兰灯满市，皎月初照严城"，在热闹、快乐的夜晚，风流倜傥的词人恣情游乐，虽然"风传银箭，露霭金茎"，夜已经深了，但是缓缓传来的优美歌声让他欣然下马，"那人家、未掩香屏"，承上启下，写了两人见面的情景。这是一位美丽的女子，她"雅态轻盈。娇波艳冶"，而且"巧笑依然，有意相迎"，真是多情可人。正是她的脉脉温情让饱受人生坎坷的词人感到巨大的安慰。但是"名宦拘检"，追求功名利禄的既定人生使得他又不得不重新踏上游宦的征程。

柳永词赏读

# 尾　犯

晴烟幂幂[1]。渐东郊芳草，染成轻碧[2]。野塘风暖，游鱼动触[3]，冰澌微坼[4]。几行断雁[5]，旋次第[6]、归霜碛[7]。咏新诗，手捻江梅，故人赠我春色[8]。

似此光阴催逼。念浮生、不满百[9]。虽照人轩冕[10]，润屋珠金[11]，于身何益。一种[12]劳心力。图利禄，殆非长策[13]。除是[14]恁、点检[15]笙歌，访寻罗绮消得[16]。

【注释】

1　晴烟幂幂：晴空中的氤氲之气。幂幂，覆盖，遮蔽。

2　轻碧：浅绿色。

3　动触：轻快、迅捷地移动。

4　微坼：微微地裂开。

5　断雁：小规模的雁群。

6　旋次第：依次盘旋。

7　霜碛：带有冰霜的沙石地面。指初春的北方大地。

8　"手捻"二句：典出陆凯《赠范晔》诗："折花逢驿使，寄与陇头人。江南无所有，聊赠一枝春。"

9　"念浮生"句：感叹人生短暂。

10　照人轩冕：光彩照人的轩冕，形容极富贵。轩冕，高官要职的乘车和服饰。

11　润屋珠金：珠宝金银使满屋生辉，喻其多。

12　一种：一样地。此句意为，高官、财富都一样地费人心力。

13　长策：好的谋划。

14　除是：除非是。

15　点检：安排。

16　消得：语助词，可以、才好之意。

【赏析】

这首词反映了词人看破功名利禄，盼望尽情享受世俗生活，不幸负短暂人生的思想感情。

词的上片写早春的风景。信步走到东郊，已是初春时节，远处有淡淡的烟雾缭绕，处处是芳草萋萋，春天这支神妙的笔把天地染成嫩嫩的绿色。池塘边，暖暖的春风真让人惬意，冰渐渐融化了，鱼儿游来游去，水面泛起一圈圈的涟漪。几行大雁从南方飞回，栖息在沙碛上。诗人吟咏着新诗，手中拿着朋友自江南而寄来的梅花，告之春已到。

词的下片写作者对人生的看法。美好的时光如箭般飞逝，即使你有高官，有满屋的财富，对于短暂的人生来说又算得了什么？如果只是为了谋取利禄而身心疲惫，这恐怕也不是良策。除非像这样每天欣赏轻歌曼舞，到温柔乡中访问可心的佳人，尽情地享受人生，才算不白来人生一趟。

作者看到了春天景色迷人，嫩绿的芳草，温暖的春风，水中的游鱼，回归的大雁，一切都那么生机盎然。因此一扫冬日阴霾的心情，心境豁然开朗。他想到朋友间如诗如画的友谊，意识到人生的短暂和时光的飞逝，从而劝诫自己好好地享受眼前的人生，这是词人经历了多年坎坷失意之后的人生感悟。

## 木兰花

　　心娘[1]自小能歌舞。举意动容皆济楚[2]。解教[3]天上念奴[4]羞，不怕掌中飞燕[5]妒。

　　玲珑绣扇花藏语[6]。宛转香茵云衬步[7]。王孙若拟赠千金，只在画楼东畔住。

【注释】

1　心娘：歌伎名。

2　济楚：美好。

3　解教：能让。

4　念奴：唐朝名伎。

5　掌中飞燕：见前《凤归云》注6。

6 "玲珑"句：谓绣扇如花，而心娘之娇媚的话语自扇中传出。

7 "宛转"句：意为毯上舞步轻盈婉转，如踏云而行。香茵，垫褥。

【赏析】

这首词赞颂了歌伎心娘的美貌和歌舞才华。心娘从小就能歌善舞，她举止优雅，仪态万方，楚楚动人。她的美貌足以让仙女般美丽的名伎念奴自惭形秽，她的曼妙的舞姿足以让赵飞燕自愧不如。她的声音从如花的绣扇传出，是那样的清脆悦耳！她的舞步像在缥缈的云中，那样的婀娜多姿！王孙们如果打算千金买欢，赶快去找她吧，她就住在画楼的东面。

这首词没有一味地注重感观的描写，词中心娘的容貌、身材、歌舞等方面的描写，偏向于概括和虚写，如借念奴和赵飞燕反衬心娘的美貌和苗条的身材，特别是"玲珑绣扇花藏语"一句，将其面容隐藏在绣扇的后面，用"花藏语"来写其声，写其形，让人在虚无缥缈中想象心娘的美丽，构思很巧妙。

这首词还体现了柳永词商业化的倾向，柳永常常应教坊的邀请创作词曲，还常常应歌伎的要求为之题词，这实际上是一种商业行为。词的最后两句像是广告语，说明这首词可能是应心娘的要求为她宣传的作品。

# 驻马听

凤枕鸾帷[1]。二三载，如鱼似水相知。良天好景，深怜多爱，无非尽意依随[2]。奈何伊[3]，恣性灵、忒煞些儿[4]。无事孜煎[5]，万回千度，怎忍分离。

而今渐行渐远，渐觉虽悔难追。漫惓寄消息，终久奚[6]为。也拟重论缱绻，争奈翻覆思维[7]。纵再会，只恐恩情，难似当时。

【注释】

1 凤枕鸾帷：绣有凤鸾的枕头和帏帐，此暗示男女恩爱相处。

2 尽意依随：一意依从。

3 伊：他。

4 忒煞些儿：太过分了点。

5 无事孜煎：无事之时就烦闷、忧虑。此写女子别后的心情。

6 奚：什么、何。

7 思维：思虑。

**【赏析】**

这首《驻马听》是柳永词中专写男女别离相思的一篇。它通篇既不写景，也不叙事，完全摆脱了即景传情和因物兴感的俗套，完全采用直言的方式来抒情，是一首典型的"俗词"。历来因不合封建社会道德和正统文人的审美趣味而被称为"淫冶讴歌之曲"。其实这首词写得直率明快、真情洋溢、深挚感人，具有很高的思想意义和艺术水准。

这首词采用线型的结构，按照情节的顺序从头写起，层次清晰。上片纯属忆旧，"凤枕鸾帷"是写女主人公沉溺于对往日甜蜜爱情生活的回忆里。这段幸福的生活虽只有"二三载"，在整个人生旅程中是短暂的，却因两心相照，"如鱼似水"般地和谐而令人难忘。但他们的情感不是对等的，她委曲求全，百般迁就，"无非尽意依随"。委曲求全的结果反而加深了他们情感的裂痕，责任不在女方。

"奈何伊，恣性灵、忒煞些儿"，他的性子或个性太过分了。他们感情的破裂纯由男子的任性而引起，对他已无可奈何，最后分离也是情势发展的必然。接下来女主人公诉说分离后的苦闷情绪："无事孜煎，万回千度，怎忍分离。"每当她闲着无事之时，将往事反复考虑，仍免不了对离人的眷恋，情感上难以割舍。这一串直言不讳的回忆，平中见奇，层次井然，章法分合有序，给人以摇曳生姿的美感。

下片着重写女主人公被遗弃后的复杂心理。而今离人已经"渐行渐远"，加大了空间与情感的距离，"虽悔难追"，似乎当初若再委曲一些、再容忍一些，还是可以挽留住的，而今距离已远，纵然后悔也无济于事了。如今即使寄去消息，终究也是白费。她也打算同他再继续那一段爱情生活，"重论缱绻"。无奈她经过"翻覆思维"，已认识到情感是不能勉强的，纵使可能重续旧欢，感情也不似当时那样融洽了。这几句丧气话，表面看来有点煞风景，但实际是一个久经忧患者对人情世故的清醒认识，是情感和哲理的巧妙结合。

柳永的这首俗词与他的同类作品相比，颇有独特之处。首先，这首词塑造的是一个温柔多情而非大胆泼辣的市井女子。她既有对爱情的热烈追求，又有冷静理智的思索，反映了市井女子性格的多面性。另外，这首词情真语切，表现得法。词人能够深入人物内心设身处地地去体会，他不写弃妇的悲哀可怜，却是多层次地揭示人物的思维过程，成功地展示了她的内心境界。这是一首不可多得的言情佳作。

## 诉 衷 情

一声画角日西曛[1]，催促掩朱门。不堪更倚危阑[2]，肠断已消魂。

年渐晚，雁空频[3]，问无因[4]。思心欲碎，愁泪难收，又是黄昏。

【注释】

1 "一声"句：暗示天涯征人的离别情怀。画角，饰有彩绘的号角，古军乐器，发音凄厉高亢；曛，落日。

2 "不堪"句：意为在高楼远望，令人伤感不能忍受。危阑，即危栏，高楼的栏杆。

3 雁空频：南飞之雁不断，却空无音信。

4 问无因：问询大雁，却没有消息。

【赏析】

这首词写闺中女子对漂泊在外的恋人的相思。词从悲凉的暮景写起，"一声画角日西曛"，傍晚一声凄厉的号角，让这位柔弱的女子感到无尽的凄凉，"不堪更倚危阑，肠断已消魂"。从"年渐晚"，"又是黄昏"来看，女主人已经年复一年、日复一日地在等待恋人的归来了。但是这漫长的等待似乎也是徒劳的，"雁空频，问无因"，年年看到北雁南飞，却始终没有鸿雁传递他的消息，这种徒劳的期待是多么的凄凉！

# 戚　氏

晚秋天。一霎微雨洒庭轩[1]。槛菊[2]萧疏，井梧[3]零乱惹残烟[4]。凄然，望江关，飞云黯淡夕阳闲。当时宋玉悲感，向此临水与登山[5]。远道迢递[6]，行人凄楚，倦听陇水[7]潺湲。正蝉吟败叶[8]，蛩[9]响衰草，相应喧喧[10]。

孤馆度日如年。风露渐变，悄悄至更阑[11]。长天净，绛河[12]清浅，皓月婵娟[13]。思绵绵。夜永对景[14]，那堪屈指，暗想从前。未名未禄[15]，绮陌红楼[16]，往往经岁迁延[17]。

帝里风光好，当年少日[18]，暮宴朝欢。况有狂朋怪侣[19]，遇当歌、对酒竞留连[20]。别来迅景[21]如梭，旧游似梦，烟水程何限[22]。念利名、憔悴长萦绊。追往事、空惨愁颜。漏箭移[23]、稍觉轻寒。渐呜咽[24]、画角数声残。对闲窗畔[25]，停灯向晓，抱影[26]无眠。

**【注释】**

1　庭轩：庭院中的长廊。

2　槛菊：长在栏杆边的菊花。

3　井梧：井边的梧桐树。

4　残烟：细雨，水雾。

5　"当时"二句：宋玉在此登山临水时，也会感到悲凉。宋玉曾作《九辩》悲秋，故后人以宋玉为千古悲秋之祖，常在悲秋时言之。

6　迢递：遥远。

7　陇水：山中溪流。陇，通"垄"，土丘，此指山。

8　蝉吟败叶：蝉在残叶上悲鸣。

9　蛩：蟋蟀。

10　相应喧喧：相互喧喧对鸣。喧喧，虫鸣声。

11　更阑：夜将尽。

12　绛河：银河。

13　婵娟：美好的样子。此指明媚的月光。

14　夜永对景：长夜对月。景，通"影"。

15 未名未禄：功名利禄，一事无成。

16 绮陌红楼：路边的青楼妓馆。

17 经岁迁延：年复一年地流连忘返。

18 当年少日：正当少年时节。

19 狂朋怪侣：疏狂放荡的朋友。

20 "遇当歌"句：总是流连宴饮享乐之时。曹操《短歌行》云："对酒当歌，人生几何？"

21 迅景：迅速而过的光阴。景，通"影"。

22 "烟水"句：意为路途遥远，前程渺茫。烟水，烟村水驿；程何限，何其无限。

23 漏箭移：即时光流逝。漏箭，漏壶上的饰箭，指示刻度。

24 呜咽：指画角声。

25 对闲窗畔：面对空窗，意即独自对窗。

26 抱影：独抱孤影。

## 【赏析】

《戚氏》调是柳永创立的长调慢词，全词二百一十二字，是长调中最长的体制之一。通篇音律和协，句法活泼，平仄韵位错落有致。共分为三片，上片写夕阳西下时，中片写入夜时分，下片写从深夜到拂晓，围绕一个独宿旅寓的行人，写他这三段时间内的所见、所思和所感。

上片描写的是微雨刚过、夕阳西下的情景。"晚秋"二字点出了时令是九月。词先从近景写起，秋雨梧桐，西风寒菊，点缀着荒寂的驿馆。"萧疏"见得花之凋残，"零乱"说明叶正黄落。"惹残烟"，一字一层，益发令人凄凉凄然，传神就在一个"惹"字。"凄然"以下写远景。"夕阳闲"夕阳悠闲无意，与前景对比强烈，是移情的手法。"倦听"以下，转写所闻，一个"应"字更把蝉鸣、蛩响彼此呼应的秋声写活了。这里，"蝉鸣"与"蛩响"彼此相应，实际上是与作者内心的凄凉之感相共鸣，这是一种融情于景的手法。

中片从日斜到日暮，再至更阑，风清露冷，天气渐变，人声悄然，至此深入一层，刻画此地此时的心理状态。月明夜静，一身孤旅，清宵独坐，怎能不勾起抑郁的情思来呢？"长天净，绛河清浅，皓月婵

唐宋名家诗词赏读

娟"，但见长空云净，银河清浅，明月光辉，怎不让人"思绵绵"呢？"夜永对景"，屈指计算，时光飞逝，往事不堪回首。多年来流连于青楼妓馆，而功名利禄一无所成。此处以虚衬实，放笔直书，情真意厚，流转自如。

下片"帝里"五句，写狂放不羁的少年生活，具体地补足了"暗想"的内容。仍用虚笔，与中片密衔细接。"别来迅景如梭"一句转写实景。词笔虚实相间，腾挪有致。以他日的欢娱，衬出如今的落寞，烟村水驿，无限凄凉。经过一番铺垫与蓄势，然后引出了"念利名、憔悴长萦绊"一句。为什么要抛亲别友，孤旅天涯，受这分煎熬呢？不正是被区区的名利所羁绊么？往事萦迴，使他数遍更筹，终夕难眠。结拍"停灯向晓，抱影无眠"为一篇词眼，写尽了伶仃孤处的滋味，传神地勾画出一个独倚虚窗的天涯倦客形象。

这首词将羁旅情愁、身世之感写得淋漓尽至，入木三分，是柳永的名作之一。同时代的王灼所著的《碧鸡漫志》中转引过"《离骚》寂寞千年后，《戚氏》凄凉一曲终"的赞语。把《戚氏》和《离骚》相比，说明说它声情并茂、凄怨感人，堪称一曲旷世的凄凉之歌。


## 轮 台 子

一枕清宵好梦，可惜被、邻鸡唤觉。匆匆策马[1]登途，满目淡烟衰草。前驱风触鸣珂[2]，过霜林、渐觉惊栖鸟。冒征尘远况[3]，自古凄凉长安道。行行又历孤村，楚天阔、望中未晓。

念劳生，惜芳年壮岁，离多欢少。叹断梗[4]难停，暮云渐杳[5]。但黯黯魂消，寸肠凭谁表。恁驱驱、何时是了。又争似、却返瑶京[6]，重买千金笑。

柳永词赏读

【注释】

1 策马：以鞭击马。

2 珂：马鞍上的装饰品。

3 远况：远行的景况。

4 断梗：断枝，比喻漂泊的生涯。

6 瑶京：即瑶台，传说中仙人所居之处。此借指北宋的京都。

**【赏析】**

这首词描写了柳永一次早行的经历。词的上片细致地描写了早行的孤独，作者鸡鸣即起，不敢留恋旅店的好梦，他"匆匆策马登途"，可能是有要事在身。他一个人策马奔走在漫长的长安古道上，那笼罩在淡烟中的衰草、孤零零的村落以及霜林中偶尔惊飞的鸟儿，更显出他旅途的寂寞。"鸡声茅店月，人迹板桥霜"，晚唐诗人温庭筠《商山早行》中的这两句名句，写的就是这种情景，词能"言诗之所不能言者"，柳词比温庭筠写得更生动、更详细。

词的下片主要抒发了作者的羁旅之情，作者感叹人生最美好、最可珍惜的青春年华竟然在天涯漂泊中度过，这种断梗漂萍般的生活何时才能结束。作者还把旅途的劳苦和京都繁华的生活进行比较，就更增加了他对漂泊生涯的厌恶，而重返京都就成了他最大的梦想。

这首羁旅之词集中描述了旅况并抒发了旅途的感受，不枝不蔓、形象生动。和柳永其他同类题材的作品相比，在抒情部分也没有其他作品那种对放浪生活的回忆和向往，因而显得很雅正，是柳词中的优秀之作。

## 引驾行

虹收残雨，蝉嘶¹败柳长堤暮。背都门²、动消黯³，西风片帆轻举。愁睹⁴。泛画鹢⁵翩翩，灵鼍⁶隐隐下前浦⁷。忍回首、佳人渐远，想高城⁸、隔烟树。

几许⁹，秦楼永昼，谢阁连宵奇遇。算赠笑千金¹⁰，酬歌百琲¹¹，尽成轻负¹²。南顾。念吴邦越国¹³，风烟萧索¹⁴在何处。独自个、千山万水，指天涯去。

**【注释】**

1 蝉嘶：蝉凄惨地鸣叫。

2 背都门：即离别京城而去。都门，京城的城门。

3 消黯：心绪黯淡、失落。

4 愁睹：所见皆令人发愁。

5 画鹢：船头刻绘有鹢鸟的船。鹢，一种水鸟。

6 灵鼍：一种神龙，亦刻绘于船头，此指船。

7 前浦：前方的水边。

8 高城：高大的京城。

9 几许：多少次。

10 赠笑千金：即以千金买笑。

11 百琲：珠十贯或五百枚称一琲，百琲以喻重金。

12 轻负：轻易地辜负。

13 吴邦越国：今江苏、浙江一带，春秋战国时吴、越国所在地，亦为柳永的家乡。

14 萧索：萧瑟，萧条。

【赏析】

　　该词作于离汴京赴江浙之际。抒写词人与相知歌伎之间的离情别绪，着重写别时的难舍和别后的孤独。上片侧重写景，首先从送别之地的景物写起，这是柳永常用的手法。"虹收残雨，蝉嘶败柳长堤暮"，这两句写的虽是雨后天晴、彩虹悬天，但重点是渲染清秋雨后萧条之景。残雨、日暮、寒蝉、败柳是柳永词中常见意象，此景语既为情语，又点明送别的时间地点，而且为下文涂上了一层灰暗低沉的色调。接下来两句紧承前面两句，写登船离京而去、顾盼恋人时的悲凉心情，以后两人就要隔着烟树茫茫的千山万水了，怎能不感伤。

　　下片抒情，前几句均是对往事的回忆。词人回想着多少个白天黑夜，在秦楼妓馆与她共度欢乐时光。为了赢得佳人一笑，不惜千金；为听她美妙的歌声，不惜用百串明珠相酬，只为赢得她的芳心。而今因为轻别，一切都成虚幻，自己也这么轻易地辜负了她的倾心相许和彼此的海誓山盟。往日的欢娱与今日的凄凉相对比，更突出词人内心的悲凉。由"南顾"句起至词末尾，词人又回到当前，想到将来。这几句不只是在写别后孤独，同时将词人的仕途坎坷失意写了出来。再一次的宦游，对于屡屡失意的词人来说，只会愈发感到前途渺茫。在京城还有自己困顿生平中所倚赖的温情，而以后只能独自品尝着天涯

柳永词赏读

客子的孤独和失意了。

此词采用柳永慢词常见的手法，上片侧重写景，下片侧重抒情，多层次、多侧面地写景抒情，并层层铺叙、结构严谨。将离情别绪与仕途失意融合在一起，赋予离别词以更深厚的内涵。


# 望 远 行

绣帏睡起，残妆浅，无绪匀红铺翠[1]。藻井[2]凝尘，金梯[3]铺藓，寂寞凤楼十二[4]。风絮纷纷，烟芜苒苒[5]，永日画阑，沉吟独倚。望远行，南陌春残情归骑[6]。

凝睇[7]，消遣离愁无计[8]。但暗掷、金钗买醉[9]。对好景、空饮香醪[10]，争奈转添珠泪。待伊游冶归来[11]，故故[12]解放翠羽[13]，轻裙重系。见纤腰，图信人[14]憔悴。

【注释】

1 "残妆"二句：昨日留下的残妆已淡，却无心再梳妆打扮。无绪，无心情；匀红铺翠，指女子梳妆。

2 藻井：绘有纹彩的天花板。

3 金梯：对楼梯的美称。

4 凤楼十二：本指皇宫的楼阁，在此借指闺阁。

5 烟芜苒苒：浅草远望茂盛如烟。苒苒，繁盛的样子。

6 悄归骑：悄然归来，此指思妇盼望恋人归来，设想的情境。

7 凝睇：凝眸，远视或发愁的样子。

8 "消遣"句：无计开释离愁。

9 "但暗掷"句：暗暗以金钗换酒买醉。

10 香醪：即酒。醪，意为纯酒。

11 游冶：远游。

12 故故：故意，特意。

13 翠羽：翠鸟的羽毛，多用作装饰。

14 信人：使人相信我。

【赏析】

这首词用女主人公的身份和口吻来写闺中女子对冶游在外的恋人的思念，是传统的闺怨题材。

词从女子早起时的慵懒无聊的心境写起。绣帷中的佳人醒来，脸上昨日的残妆已经很淡了，但是她没有心情去梳妆打扮。紧接着，作者又描写了眼前的景象，"藻井凝尘，金梯铺藓，寂寞凤楼十二"，天花板上布满了灰尘，楼梯上长满了苔藓，她也无心打扫。户外，柳絮随风飘扬，草地上烟雾缭绕，就像她的心情纷乱无绪。整天她独自一人，倚着雕花的栏杆眺望远方，低声沉吟。她那样痴迷地看着南方的路，是在盼望自己日夜思念的恋人悄然归来。终日凝神远望，一天又一天的漫长等待，万般愁苦难以排解。她只好回到家中，私下里以酒消愁。独自面对着这良辰美景，空饮着美酒，反而更让人愁上加愁，泪水已悄然洒落。词的结尾，作者别出心裁地写了女主人公的心理，"待伊游冶归来，故故解放翠羽，轻裙重系。见纤腰，图信人憔悴"，等他游冶归来，一定要当面故意解下自己的翠羽衣裙，然后重新系上，让他看自己为他憔悴到这样的弱不禁风。

这首词描写闺中的女子，从"绣帏"、"金钗"、"香醪"来看，是一位物质上比较富有的女子，她愁苦时能"金钗买醉"，为了向对方表示自己为相思而憔悴，她还会耍心眼，故意解下腰裙，她和传统的女子不一样，应该是一位普通的市井女子或者歌伎的身份。此词同样表现了柳永世俗的趣味。

## 彩 云 归

蘅皋向晚舣轻航[1]。卸云帆、水驿鱼乡。当暮天、霁色如晴昼，江练静[2]、皎月飞光。那堪听、远村羌管，引离人断肠。此际浪萍风梗[3]，度岁茫茫。

堪伤。朝欢暮宴，被多情、赋与凄凉。别来最苦，襟袖依约[4]，尚有余香。算得伊、鸳衾凤枕[5]，夜永争不思量[6]。牵情处，惟有临歧[7]，一句难忘。

1 舣轻航：拢船靠岸。轻航，轻舟，两船相并称航，此处仅指船。

2 江练静：江水如一匹白绸静静地漂着。南朝谢朓《晚登三山还望京邑》诗云："余霞散成绮，澄江静如练。"

3 浪萍风梗：浪中的浮萍，风中的断草。喻人为命运所捉弄而四处奔波、漂泊。

4 依约：隐约。

5 鸳衾凤枕：绣有鸳鸯、凤凰的被子、枕头。

6 思量：相思。

7 临歧：临分手的时候。

【赏析】

《彩云归》是柳永依旧题而创的新声。此词应为少年远游时所作，观"度岁"句，应是离开汴京的当年年尾写于杭州。此词亦前景后情。"当暮天"几句用如画之美景反衬离人之凄凉。轻舟独泊，月色水光无限拓展了人所栖居的空间，同时把人压缩成一个渺小的存在，漂泊和孤独便空前突出了。更何况"每逢佳节倍思亲"，而自己却是"度岁茫茫"，马上就要过年了，自己的思绪却纷繁复杂，这一切正是因为"浪萍风梗"般行踪不定的仕宦之途，才使人感到命运的难以把握，感到人生的渺茫，只有这时才有了更多对感情的依赖，所以下片很自然地转入抒情。

"堪伤"三句写异乡度岁的感受：别人在欢度佳节，自己反更觉凄凉。"别来"三句写自己对情人的思念，"算得伊"二句推想情人思念自己。此处从情人处着想，露一分体贴心肠，也显得情深意切，很是感人。结句"惟有临歧，一句难忘"，看似泛泛，实则深情绵邈。最牵动词人那一句到底是什么，给读者留下无穷回味。此词感情缠绵而伤感，心情沉重而渺茫。

# 洞 仙 歌

佳景留心惯[1]，况少年彼此[2]，风情非浅。有笙歌巷陌，绮罗庭院。倾城巧笑[3]如花面，恣雅态、明眸回美盼[4]。同心绾[5]，算国艳仙材[6]，翻恨[7]相逢晚。

缱绻[8]，洞房悄悄，绣被重重，夜永欢余[9]，共有海约山盟，记得翠云偷鬋[10]。和鸣彩凤[11]于飞燕，间柳径花阴携手遍，情眷恋。向其间[12]、密约轻怜事何限。忍聚散[13]，况已结深深愿。愿人间天上，暮云朝雨长相见。

**【注释】**

1 佳景留心惯：一贯留恋于佳景。

2 彼此：两人相亲之意。

3 倾城巧笑：即倾城美貌，笑容可人。

4 美盼：即美目顾盼。

5 同心绾：即绾同心，结同心。

6 国艳仙材：有倾国之艳丽，如仙女般的人材。

7 翻恨：悔恨。

8 缱绻：缠绵。

9 夜永欢余：在长夜欢乐之余。

10 翠云偷鬋：偷偷剪下一缕头发留作定情之物。翠云，女子的头发。

11 和鸣彩凤：即彩凤和鸣，喻男女相爱。

12 向其间：即指前句的花前柳下。

13 忍聚散：不忍聚散。

**【赏析】**

这首词描写了一段浪漫的爱情生活。词的上片写两人从相见到相知相爱的过程。"况少年彼此，风情非浅"，正值青春年少，爱情的甜蜜真让人沉醉。"有笙歌巷陌，绮罗庭院"，他们整日沉迷在管弦之乐中，这巷陌和庭院就是他们温馨的世界。"倾城巧笑如花面，恣

柳永词赏读

109

雅态、明眸回美盼"几句，词人以动情的笔墨描写了女子的美丽，她国色天香，天生丽质，"算国艳仙材，翻恨相逢晚"，真让人有相逢恨晚的遗憾！

　　词的下片多方面描绘了他们的爱情生活。"缱绻，洞房悄悄，绣被重重，夜永欢余，共有海约山盟，记得翠云偷翦"几句，写他们双宿双飞，海誓山盟。"和鸣彩凤于飞燕，间柳径花阴携手遍"，写他们闲庭信步，共度美好的时光。正是因为爱情的甜蜜，所以词人发出"愿人间天上，暮云朝雨长相见"的祈盼。在词人对日夜相继的爱情生活描写的字里行间，我们在感受到他的幸福的同时，也体会到了他对爱情消逝的担忧。在柳永看来，越是情深的越是短暂！也正是有这分担忧，所以作者才会把这段爱情写得如火如荼，如泣如诉。


## 离 别 难

　　花谢水流倏忽，嗟年少光阴[1]。有天然、蕙质兰心[2]。美韶容、何啻[3]值千金。便因甚[4]、翠弱红衰[5]，缠绵香体，都不胜任[6]。算神仙、五色灵丹[7]无验，中路委瓶簪[8]。

　　人悄悄[9]，夜沉沉。闭香闺、永弃鸳衾。想娇魂媚魄非远，纵洪都方士[10]也难寻。最苦是、好景良天，尊前歌笑，空想遗音[11]。望断处[12]，杳杳巫峰十二，千古暮云深[13]。

**【注释】**

1 "花谢"二句：意为少年时的美好时光如花谢水流一样迅速地流逝了。倏忽，转眼之间。

2 蕙质兰心：比喻女性芳馨高雅的性情。

3 何啻：何止。

4 因甚：为何。

5 翠弱红衰：喻女子身心衰弱。

6 都不胜任：一切都无力去做。

7 五色灵丹：神仙所炼的灵丹妙药。

8 中路委瓶簪：比喻女子的夭折。中路，半路，指人未到寿而

唐宋名家诗词赏读

死谓之中路而亡；委瓶簪，瓶沉簪折。

9 悄悄：悄无人影。

10 洪都方士：比喻法术高明的道士。典出白居易《长恨歌》："临邛道士鸿都客，能以精诚致魂魄。"洪都，应为"鸿都"，原指东汉京都洛阳宫门名；方士，求神炼丹、有法术之人。

11 空想遗音：徒劳地想象她的歌声、笑声。

12 望断处：眼光被遮断的地方。

13 "杳杳"二句：言曾与楚王欢爱的巫山神女不可再见，比喻与所爱的女子天人永隔。

## 【赏析】

这首词是悼念昔日相知的歌伎。词从感叹恋人悲惨的人生遭遇开始：如同春花凋谢，如同江水东流，正值青春年少的歌伎就这样一去不复返了。她有着兰蕙一样芬芳的气质，倾国倾城的美色千金难买。不知道为什么她的身体忽然这么柔弱，好像连衣服都承受不起。就算有神仙的仙丹妙药，也不能挽救她美丽的生命。深夜沉沉，一片寂静，房门紧闭，窗帘低垂，她永远离开了温馨幸福的生活。可能此时她的魂魄还没有走远，但纵然有为杨贵妃招魂的鸿都方士，恐怕也难以召回她的香魂。我极目远望，盼望在巫山的群峰间能找到她的身影。但巫山缥缈，云海茫茫，又哪里能看得见她？

这首悼词的感情非常沉郁，词先哀叹歌伎的夭亡，然后从她的生前写到死后，把一个如兰蕙般高雅气质的女子的凋零写得如泣如诉。词的结尾，想象女子的幽魂栖息在巫山的群峰间，既表达了作者的一往深情，又把这分情感表现得缥缈缠绵、余韵悠长。

# 击梧桐

香靥[1]深深，姿姿媚媚，雅格奇容天与[2]。自识伊来，便好看承[3]，会得妖娆[4]心素。临歧[5]再约同欢，定是都把、平生相许。又恐恩情，易破难成，未免千般思虑。

近日书来，寒暄而已，苦没切切[6]言语。便认得、听人教当[7]，拟把前言轻负。见说兰台宋玉[8]，多才多艺善词赋。试与问[9]、朝朝暮暮，行云何处去。

**【注释】**

1 靥：酒窝。

2 雅格奇容天与：高雅的气质与出众的容貌是天生的。

3 好看承：好好看待，小心护持。

4 妖娆：美好。

5 临歧：分手时。

6 忉忉：絮絮叨叨，指那些亲昵的话语。

7 便认得、听人教当：便认为听别人教唆。

8 兰台宋玉：宋玉《风赋》云："楚襄王游于兰台之宫，宋玉，景差侍。"后人遂以兰台和宋玉连称，或称宋玉为兰台公子。

9 试与问：试问。此下几句用《高唐赋》典，犹云：本当朝朝暮暮相守，可你将往何处去呢？对对方的疏离表示怨恨之情。

**【赏析】**

这首词表现了词人对感情日渐疏离的担忧和怨望。词的上片写与恋人的一见钟情和分离的情景。"香靥深深，姿姿媚媚，雅格奇容天与"，这个女孩天生丽质，词人对她一见倾心。"自识伊来，便好看承，会得妖娆心素"，为了夺得她的芳心，词人用尽心思、百般呵护。可惜快乐总是短暂的，词人不得不再次踏上征途。"临歧再约同欢，定是都把、平生相许"，在离别之际，两人海誓山盟，托付终身。"又恐恩情，易破难成，未免千般思虑"一句是过渡句，词人担心长久的分离可能会使感情破裂，所以他在分离时忐忑不安，产生"千般思虑"。词的下片转入对女子情感日渐疏远的怨艾。"近日书来，寒暄而已，苦没忉忉言语"，最近的书信上，她只是寒暄数语，没有那些缠绵的话语。所以词人非常的担忧，"便认得、听人教当，拟把前言轻负"，这肯定是有人教唆，才使得她辜负了以前的海誓山盟。"朝朝暮暮，行云何处去"一句，是词人对恋人变心的猜测和埋怨。

据《绿窗新语》引《古今词话》记载，柳永曾在江淮爱上一位官伎，临别时相约再见。等到柳永来到京师，日久未回，官伎遂有他心。

唐宋名家诗词赏读

柳永对此非常伤感，遂作了这首词并派人寄去。官伎读罢非常惭愧，于是泛舟来到京师，终生跟随柳永。可见这首词的字里行间蕴涵着感人的深情。

## 祭天神

欢筵歌席轻抛亸[1]。背孤城[2]、几舍烟村停画舸[3]。更深钓叟归来[4]，数点残灯火。被连绵宿酒[5]醺醺，愁无那[6]。寂寞拥、重衾[7]卧。

又闻得、行客扁舟过。篷窗[8]近，兰棹[9]急，好梦还惊破。念平生、单栖踪迹[10]，多感情怀，到此厌厌，向晓披衣坐。

### 【注释】

1 抛亸：抛弃躲开。

2 背孤城：背靠孤城，即停在城外。

3 画舸：画船，华美的船。

4 更深：夜深。钓叟：渔翁。

5 连绵：连续。宿酒：隔夜未消的酒味。

6 无那：无奈，无可奈何。

7 重衾：厚被子，或多层被子。

8 篷窗：船仓的窗户。

9 兰棹：木兰树做的船桨。

10 单栖踪迹：独来独往的游踪。

### 【赏析】

这首词写词人宦游途中的心境。舟行途中，作者并没有上岸借宿，而是把船停泊在一个凄清的小村庄前，露宿舟中。词从旅途上的黄昏景色写起：黄昏，船儿停泊在一个烟雾笼罩的村子前面，多么凄清孤寂呀，真后悔那么匆忙地离开城中的欢歌歌舞。夜深了，钓鱼的老人也离归来了，天上闪烁着几个星星，四周一片寂静。几天来因为要离别我天天醉酒，现在尚未能完全清醒。望着这凄凉的夜景，真让人愁苦不堪！无奈之下，只好一个人拥被而眠，好不容易进入梦乡，偏偏有船儿经过，急促的桨声把我从睡梦中惊醒，好不懊恼。回想起平生一个人单宿单行，漂泊无依，本来就多愁善感，现在更是愁苦不堪。只好披衣而起，坐待天明。

这首词的抒情很曲折，词人面对这秋意寂寥的天气，后悔匆匆地离别京城的欢乐世界，然后写几天来的醉酒，并不能慰藉眼前的寂寞，只好拥被而眠。不巧偏又被惊醒，只好"向晓披衣坐"。作者沿着时间的顺序从黄昏写到夜深，进而写到破晓，愁情也在一步步地加深。这样就把那分离情别绪写得淋漓尽致，缠绵悱恻。

## 过涧歇近

淮楚[1]。旷望极[2]，千里火云烧空[3]，尽日西郊无雨。厌行旅。数幅轻帆旋落，舣棹兼葭浦[4]。避畏景[5]，两两舟人夜深语。

此际争可，便恁奔名竞利去。九衢尘里[6]，衣冠冒炎暑。回首江乡，月观风亭[7]，水边石上，幸有散发披襟[8]处。

### 【注释】

1 淮楚：指古代淮河流域的楚地。

2 旷望极：极目远望。

3 火云烧空：夏日炎热的天空。

4 舣棹：使船靠岸。兼葭：芦苇。

5 畏景：可怕的阳光。

6 九衢：四通八达的道路。尘里：此形容污浊的官场中。

7 月观风亭：风月下的亭台楼阁。

8 散发披襟：指潇洒自在的隐居者，与"衣冠"相对而言。

### 【赏析】

这首词抒发了词人厌倦名利的超脱之情。这首词的开头描写夏日的酷热，进而借以讽刺世俗之人热衷功名、趋炎附势。在古淮河的岸边，举目四望，天上的云彩似乎在燃烧。城西郊外一直都没有下雨，天气极为炎热。在水中行船的商旅们纷纷落下船帆，将船停在芦苇岸边，以求得一丝清凉。人们躲避白天的炎热，到深夜还有三三两两的

唐宋名家诗词赏读

人们在船头闲聊。在这种环境下，怎么能为了争名逐利而去呢？你没有看到那四通八达的道路上，污浊的尘土飞扬，那些衣冠楚楚的人正冒着酷暑奔波！回首江乡，那月下的楼台，微风中的凉亭，还有水边的石头，这都是可以供我们披发散襟，逍遥自在的地方。

　　作者在这首词中表达了对奔波生涯的厌倦和对隐居生活的向往，他没有正面刻画趋炎附势者的形象，但其中"九衢尘里，衣冠冒炎暑"的概括，准确而形象，褒贬顿出。而"回首江乡，月观风亭，水边石上，幸有散发披襟处"，则表明了作者的超逸高旷的胸襟，一个"幸"字，写出了作者找到人生归宿时一刹那的喜悦。《蓼园词评》评价云："趋炎附势、势利薰灼、狗苟蝇营之辈，可以'九衢尘里，衣冠冒炎暑'二句尽之……是耆卿虽才士，想亦不喜奔竞者，故所言若此。此词实令触热者读之，如冷水浇背矣。意不过为'衣冠冒炎暑'五字下针砭，而凌空结撰，成一篇奇文。先从舟行苦热，深夜舟人之语，布一奇景。忽用'此际'二字，直接点入衣冠炎暑，令人不测。以后又用'江乡'倒缴，只一'幸'字缩住。语意含蓄，笔势奇矫绝伦。"


# 安　公　子

　　长川波潋滟[1]。楚乡淮岸迢递[2]，一霎烟汀[3]雨过，芳草青如染。驱驱携书剑[4]。当此好天好景，自觉多愁多病，行役心情厌[5]。

　　望处旷野沉沉，暮云黯黯。行侵[6]夜色，又是急桨投村店。认去程[7]将近，舟子相呼，遥指渔灯一点。

【注释】

　　1 长川：指淮河。潋滟：水光闪动的样子。

　　2 迢递：遥远的样子。

　　3 汀：水边平地。

　　4 驱驱：奔走辛苦的样子。携书剑：即学文学武，为取功名所用。

　　5 行役：受公家差遣而旅行。心情厌：心情不好。厌，同"恹"。

　　6 行侵：渐进。

【赏析】

这首词作于宦游淮河流域期间，写对羁旅行役的厌倦之情。长长的河面波光粼粼，楚乡遥远而空旷。一场阵雨过后，水边平地上烟雾蒙蒙，绿草萋萋，地面像刚染上了一层绿，青翠欲滴。携书带剑，我不停地奔波，即使是眼前这么好的风景，也提不起我的情绪。岸边是平旷的原野，暮云低低地飘在天际，到处都昏暗不明。眼看着夜色将近，又要投宿了，船家急速地划桨，向岸边驶去。远远的是一盏闪闪渔灯，就要下船休息了，船家们欢呼雀跃起来。

这首词写景和抒情融合得恰到好处，内容主要是写了作者一天的劳顿，白天波光闪动，"芳草青如染"的美丽春景，如此的"好天好景"，对于"多愁多病"的我来说，却没有半点的快乐。眼前的乐景只是作者心中悲情的陪衬。下片"旷野沉沉，暮云黯黯"的黄昏景色，也和作者"行役心情厌"的心情暗合，是作者阴暗低沉心情的折射。最后以投宿的"渔灯一点"作结，既写出投宿前的欢乐，也流露出漂泊无依的伤感，余意不尽。

## 过涧歇近

酒醒。梦才觉，小阁香炭成煤[1]，洞户银蟾[2]移影。人寂静。夜永清寒，翠瓦[3]霜凝。疏帘风动，漏声[4]隐隐，飘来转愁听[5]。

怎向[6]心绪，近日厌厌长似病。凤楼[7]咫尺，佳期[8]杳无定。展转无眠，粲枕[9]冰冷。香虬[10]烟断，是谁与把重衾整。

【注释】

1 香炭成煤：所焚的香和取暖的炭都已经烧完，成了灰烬。煤，即烟尘凝结物。

2 洞户：门窗。银蟾：月亮。

3 翠瓦：翠绿色的琉璃瓦。

4 漏声：计时滴漏的声音。

5 飘来转愁听：听到飘来的漏声，心里更加感到哀愁。

6 怎向：即如何。

7 凤楼：女子所居住的楼阁。

8 佳期：相约会面的日期。

9 粲枕：美丽的枕头。

10 香虬：龙形的香炉。虬，传说中一种有角的龙。

【赏析】

这首词写深夜对恋人的思念。词的上片铺写了深夜的景色，醉酒后，深夜的寒冷让他从睡梦中醒来，他为什么醉酒呢？词人没有交待。"小阁香炭成煤，洞户银蟾移影"，写夜的漫长与寂静。"人寂静。夜永清寒，翠瓦霜凝。疏帘风动，漏声隐隐，飘来转愁听"几句，写夜色的清冷，正衬托出主人公冷寂的心绪，特别是那隐隐传来的更漏声，更增添了长夜的静谧和寂寥，所以让他愁不堪听。词的下片转入对恋人的思念。"怎向心绪，近日厌厌长似病。凤楼咫尺，佳期杳无定"，这些天他无精打采可能是他嗜酒的原因。正是因为和恋人无法相聚所以生活才变得这么平淡。与其他词作不同，这首词写的是近距离的相思。恋人虽然离自己很近，却不知什么原因没法相聚，真是咫尺天涯！主人公只得在辗转反侧中挨过了漫漫的长夜。

# 轮 台 子

**雾敛澄江，烟消蓝光碧**[1]**。彤霞衬遥天**[2]**，掩映断续，半空残月。孤村望处人寂寞**[3]**，闻钓叟、甚处一声羌笛**[4]**。九疑**[5]**山畔才雨过，斑竹作、血痕**[6]**添色。感行客。翻思故国**[7]**，恨因循阻隔**[8]**。路久沉消息。**

**正老松枯柏情如织**[9]**。闻野猿啼，愁听得。见钓舟初出，芙蓉渡头，鸳鸯滩侧。干**[10]**名利禄终无益。念岁岁间阻**[11]**，迢迢紫陌**[12]**。翠蛾娇艳，从别后经今，花开柳拆**[13]**伤魂魄。利名牵役**[14]**。又争忍、把光景**[15]**抛掷。**

【注释】

1 蓝光碧：天空蔚蓝如碧玉。蓝光，即蓝色的天空。

柳永词赏读

2 "彤霞"句：意为远远的天边衬托着红霞。彤霞，即彤云，红霞。

3 "孤村"句：看到远处的孤村使人感到寂寞。

4 甚处：何处。羌笛：古羌族乐器，发音悲凉。

5 九疑：即九嶷山，在今湖南宁远南。传说舜曾葬于此。

6 斑竹：即湘竹，上有斑纹，故称，又称湘妃竹。血痕：指舜之二妃泣涕成血。此处写斑竹上的斑纹如血痕，更突出情感之悲。

7 故国：故乡。柳永家乡在今福建省境内。

8 因循：拖延时间。阻隔：道路不通或路途遥远。

9 老松枯柏：此以老松枯柏的枝杈错综杂乱相交喻感情的浓密。情如织：感情如针线织成般的稠密。

10 干：求取。

11 间阻：间离，阻隔。

12 紫陌：京城的道路。

13 花开柳拆：又经过一个春天。拆，意为裂开，指柳树发芽。

14 牵役：驱使。

15 光景：美好的时光。

【赏析】

这是词人晚年羁旅湖南期间的作品，表现了对功名利禄的厌倦和对昔日相知佳人的思念。

晨雾渐渐收起，江水更加清澈。天空中灿烂的晚霞断断续续，一会儿，一弯残月挂在天上。远处的孤村静悄悄的，不知何处传来一两声羌笛，或许是垂钓老人吹奏的吧。月下这悠扬的笛声最容易撩拨人的情思。九嶷山山边刚刚下过雨，湘妃竹上的泪痕应该更清晰了吧！此情此景，真让人思念自己的家乡，遗憾的是，离家太久了，很长时间没有家乡的消息了。不远处老松枯柏枝桠茂盛，从中传出了几声野猿凄厉的叫声。一叶扁舟悠然而至，停在芙蓉渡口，鸳鸯滩头，钓鱼的老人开始垂钓了。想人生为了功名利禄四处奔波，与相爱的人年年千里相隔。娇艳美丽的她那么多情，年年花开花落，岁岁叶落叶生，都让她憔悴，这怎能不让人心痛！人生被功名束缚，但又怎能忍心抛弃美好的时光！

唐宋名家诗词赏读

这首词触景生情处很多，作者用如花妙笔勾勒出了清净绚丽的湘地之景，澄江一道，绿水青山掩映，彩霞满天，令人流连忘返。但"半空残月"、"一声羌笛"和"斑竹作、血痕添色"却触发了他的思乡之情。其中"斑竹泪痕"更是拨动了他内心深处的琴弦，为下文思念佳人埋下伏笔。下片的"老松枯柏"中哀猿的鸣叫引发了他的悲情，水边的钓船更启发了他对追名逐利的反思。眼前处处撩人情思的景色终于激发出了潜藏于心底的羁旅哀愁，最终他把温柔乡里当成自己人生的归宿，以此来慰藉那颗疲惫的心灵。

## 望汉月

**明月明月明月。争奈乍圆¹还缺。恰如年少洞房人，暂欢会、依前²离别。**

**小楼凭槛处，正是去年时节。千里清光³又依旧，奈夜永⁴、厌厌人绝⁵。**

【注释】

1 乍圆：刚圆。

2 依前：照样，如同以前。

3 清光：清澈的月光。

4 奈夜永：奈何夜长。

5 厌厌人绝：因故人不在而情绪不振。

【赏析】

这是一首咏叹明月的词，作者借对明月的描写抒发了对情人的思念之情，也可以看作是一首闺怨词。

古典诗词中的明月和离愁有着一种不解之缘，古代以明月来牵动离人愁肠的诗词很多。月圆之夜，良辰美景最容易让离人触动离别的愁绪和独居的寂寞。词中的女主人公对于明月是既爱又恨，"明月明月明月"一连用了三个"明月"，既是写景，又是抒情，具有咏叹的意味，像是在呼唤明月。但是自古以来月亮总有阴晴圆缺，人总有聚散离合。有感于今日的圆月和现在的离人，不由得想起以前的欢

柳永词赏读

会，此情此景，人何以堪！

词的下片写女主人公凭栏远眺的心绪。一句"正是去年时节"饱含着丰富的内涵和深深的怅惘。去年此时，也是这样的月夜，自己和恋人一起在小楼中赏月。而今明月依旧，思念的人在哪里？"千里清光又依旧"，一个"又"字，化景语为情语，表现了女主人公对物是人非、旧情难续的强烈伤感。最后形单影只的女主人公在无边寂静的夜里陷入到无边的愁思中，结尾余味无穷。

## 燕 归 梁

织锦裁编[1]写意深。字值千金。一回披玩[2]一愁吟。肠成结、泪盈襟。

幽欢已散前期远[3]，无悰赖[4]、是而今。密[5]凭归雁寄芳音。恐冷落、旧时心。

【注释】

1 织锦裁编：即精心写就之情书。前秦窦滔被贬边远之地，其妻苏蕙于锦上绣织回文诗，以寄相思之情。

2 披玩：展开玩味。

3 前期远：以前所约的相会的日子已经过去很远了。

4 无悰赖：无聊赖，神情恍惚无依貌。

5 密：密集，多次。

【赏析】

这首词写词人收到昔日相知的歌伎来信后的思绪，表达了两人之间真挚的感情。词的大意是这样的：她的来信情真意切，一字千金。我一会儿拿在手上翻阅欣赏一番，一会儿又伤感地吟诵一番，领略她的深意。读起她的信，不禁让人愁肠百结、泪落满襟。昔日的幽会欢娱已经不复存在，再次相约的时间遥遥无期。如今，她一定百无聊赖，只好让大雁替她传递情意、诉说柔情，她一定是在担心我冷落了旧时的情意，慢慢地忘记了她。

这首词不仅写了两人之间的深情，而且还写了词人对她寄信心理的揣测：他们分别得太久，一定是她怕词人忘记昔日的情意，百无聊赖之际才写了这封信。这种设身处地的写法，更委婉地表达出他们的款款深情。

## 八 六 子

如花貌。当来[1]便约，永结同心[2]偕老。为妙年、俊格[3]聪明，凌厉[4]多方怜爱，何期养成心性近[5]，元来都不相表[6]。渐作分飞计料[7]。

稍觉因情难供[8]，恁㱯恼[9]。争克罢[10]同欢笑。已是断弦尤续[11]，覆水难收[12]，常向人前诵谈，空遣时传音耗[13]。漫悔懊[14]。此事何时坏了。

【注释】

1 当来：当时。

2 结同心：盟誓同心相爱。

3 俊格：俊俏标致。

4 凌厉：迅猛，此处用如遍布、敏捷意。

5 何期：怎料。心性近：志趣爱好相近。

6 元来：原来。不相表：不相表白，不诉说真情。

7 分飞计料：离别打算。计料，打算。

8 因情难供：旧情难续。

9 㱯恼：烦恼。

10 争克罢：怎能罢。

11 断弦尤续：古人以琴瑟相偕喻夫妇和睦，后人以断弦喻丧偶，此指断情。

12 覆水难收：喻断情难续。

13 音耗：音讯。

14 漫悔懊：空懊悔。

柳永词赏读

【赏析】

这首词写词人对佳人的执著追求以及失恋的痛苦。

词人对她一见钟情，第一次见到她的时候，便被她的如花美貌深深地吸引，当时便约定两人要永结同心、白头偕老。因为她正是青春妙龄，风流俊朗，性情直率，与我情投意合，于是对她千般怜爱。哪里想到正当我们志趣相投时，却渐渐生分了，彼此再也不愿吐露心声，渐渐产生了分手的意思。她一旦觉得我不能哄她开心，就对我懊恼不已。即使这样，我还是牵挂她，怎能舍得一下子就断绝两人的欢歌笑语？眼看已是覆水难收、断弦难续，但我还不死心，常常在朋友面前诉说，请求他们为我传递情意。但这一切只是徒劳，事已至此，我只能白白地后悔懊恼，但怎么也想不通，为什么我们的感情会破裂。

　　这首词成功地刻画了失恋男子痛苦的心声，他一开始对容貌如花的女子一见钟情，继而"多方怜爱"，直到"覆水难收"时还痴心不改，千方百计托人撮合。从这个相遇、相恋、分歧、分手到分手后再复合的努力，表现了他对爱情的执著与多情，也表现了女子的风流美丽和执拗无情。


## 长 寿 乐

　　尤红殢翠[1]。近日来、陡把狂心牵系[2]。罗绮丛中，笙歌筵上，有个人人可意[3]。解严妆[4]巧笑，取次[5]言谈成娇媚。知几度、密约秦楼尽醉。仍携手，眷恋香衾绣被。

　　情渐美[6]。算好把、夕雨朝云[7]相继。便是仙禁[8]春深，御炉香袅，临轩亲试。对天颜[9]咫尺，定然魁甲[10]登高第。待恁时、等着回来贺喜。好生地，剩与我儿利市[11]。

**【注释】**

　　1 尤红殢翠：留恋、缠绵于男女之情。尤、殢，皆沉湎、滞留之意；红、翠，指女子。

　　2 狂心牵系：疏狂的心有了牵挂。

　　3 人人：当时对女子的昵称。

　　4 严妆：整齐的装束。

5 取次：相互。

6 情渐美：感情渐至浓厚。

7 夕雨朝云：男女相亲昵。

8 仙禁：仙人禁苑，此处指京城。此下三句犹云：又是春日到京城参加考试的时节。

9 天颜：皇帝的面孔。

10 魁甲：榜首，即进士第一名。

11 剩：尽。我儿：亦为对人的亲昵称呼。利市：吉利、好运气，也指喜庆、节日时的喜钱，两意皆可通。

【赏析】

这首词写柳永恋爱时的喜悦和对科举登第的向往。词的上片描写了词人的恋爱生活。"近日来、陡把狂心牵系。罗绮丛中，笙歌筵上，有个人人可意"，在一次偶然的欢宴上两人一见钟情，可能经历了眉目传情和书信往来，所以近日来词人再也不能按捺住他那颗热烈的心。"解严妆巧笑，取次言谈成娇媚。知几度、密约秦楼尽醉。仍携手，眷恋香衾绣被"，品尝了恋爱甜蜜的词人心中充满了无限的喜悦。词的下片写词人对科举登第的向往，可能正是因为爱情的甜美使得词人对人生充满了信心，他认为自己完全有能力高中，"对天颜咫尺，定然魁甲登高第。待恁时、等著回来贺喜，好生地，剩与我儿利市。"等到功成名就了，他一定衣锦还乡，与恋人相聚。

柳永大多数的词把对自由爱情的追求和功名利禄相对立，这首词表现了一种不同的思想，词人用一种喜悦之情把二者绾合起来，这可能更真实地表现了柳永的内心世界。

## 望 海 潮

东南形胜[1]，三吴都会[2]，钱塘[3]自古繁华。烟柳画桥，风帘翠幕，参差[4]十万人家。云树[5]绕堤沙。怒涛卷霜雪[6]，天堑[7]无涯。市列珠玑[8]，户盈罗绮[9]，竞豪奢。

重湖叠巘[10]清嘉。有三秋桂子，十里荷花。羌管[11]弄晴，菱

柳永词赏读

123

歌[12]泛夜，嬉嬉钓叟莲娃[13]。千骑拥高牙[14]。乘醉听箫鼓、吟赏烟霞。异日图[15]将好景，归去凤池[16]夸。

**【注释】**

1 形胜：地理形势优越。

2 三吴：旧指吴兴、吴郡、会稽，宋代以苏州、润州和湖州为三吴。都会：繁华的都市。

3 钱塘：浙江杭州。

4 参差：建筑物高低起伏，错落不齐。

5 云树：西湖堤边水雾笼罩的树木。

6 霜雪：比喻白色的波涛，形容钱塘江潮的壮观。

7 天堑：指长江是天然的险要之地。

8 珠玑：泛指珠宝等贵重物品。

9 罗绮：泛指丝织品。

10 重湖：西湖以白堤分为外湖和里湖。叠巘：重叠的峰峦。

11 羌管：羌笛。

12 菱歌：民间采菱之歌。

13 嬉嬉：嬉戏游乐的样子。莲娃：采莲的姑娘。

14 高牙：高举的牙旗。牙旗是古代大将所用的旌旗，此指仪仗队。

15 异日：他日。图：绘制。

16 凤池：凤凰池，指朝廷台阁。魏晋时中书省掌管国家机要，接近皇帝，故称凤凰池。

**【赏析】**

这首词一反柳永惯常的风格，以大开大阖、波澜起伏的笔法，浓墨重彩地铺叙，展现了杭州的繁荣、壮丽景象，可谓"承平气象，形容曲尽"（陈振孙《直斋书录解题》）。这首词，慢声长调和所抒之情起伏相应，音律协调，情致婉转，是柳永的一首传世佳作。

开头三句，入手擒题，以博大的气势笼罩全篇。

首先点出杭州位置的重要、历史的悠久，揭示出所咏主题。三吴，旧指吴兴、吴郡、会稽。钱塘，即杭州，此处称"三吴都会"，极言其为东南一带、三吴地区的重要都市,字字铿锵有力。其中"形胜"、"繁华"四字,为点睛之笔。自"烟柳"以下,便从各个方面描写杭州之形胜与繁华。"烟柳画桥",写街巷河桥的美丽;"风帘翠幕",写居民住宅的雅致。"参差十万人家"一句,转弱调为强音,表现出整个都市的繁华,"参差"为大约之义。"云树"一句,由市内说到郊外,只见钱塘江堤上,行行树木,远远望去,郁郁苍苍,犹如云雾一般。一个"绕"字,写出长堤迤逦曲折的态势。"怒涛"二句,写钱塘江水的澎湃与浩荡,"天堑",原意为天然的深沟,这里移来形容钱塘江。钱塘江八月观潮,历来称为盛景。描写钱塘江潮是必不可少的一笔。"市列"三句,只抓住"珠玑"和"罗绮"两个细节,便把市场的繁荣、市民的殷富反映出来。珠玑、罗绮,又皆妇女所用之物,并暗示杭州城声色之盛。"竞豪奢"明写肆间商品琳琅满目,暗写商人比夸争耀,反映了杭州繁华都市穷奢极欲的一面。

　　下片重点描写西湖。西湖,蓄洁停沉,圆若宝镜,至于宋初已十分秀丽。重湖,是指西湖中的白堤将湖面分割成的里湖和外湖。叠巘,是指灵隐山、南屏山、慧日峰等重重叠叠的山岭。湖山之美,词人先用"清嘉"二字概括,接下去写山上的桂子、湖中的荷花。这两种花是代表杭州的典型景物。柳永这里以工整的一联,描写了不同季节的两种花。"三秋桂子,十里荷花"这两句确实写得高度凝练,它把西湖以至整个杭州最美的特征概括出来,具有撼动人心的艺术力量。"羌管弄晴,菱歌泛夜",对仗也很工稳,情韵亦自悠扬。"泛夜"、"弄晴",互文见义,说明不论白天或是夜晚,湖面上都荡漾着优美的笛曲和采菱的歌声。"嬉嬉钓叟莲娃",表现吹羌笛的渔翁和唱菱歌的采莲姑娘欢乐的神态,生动地描绘了一幅国泰民安的游乐画卷。

　　接着词人写达官贵人游乐的场景。成群的马队簇拥着高高的牙旗,缓缓而来,一派煊赫声势。笔致洒落,音调雄浑,仿佛令人看到一位威武而又风流的地方长官,饮酒赏乐,啸傲于山水之间。"异日图将好景,归去凤池夸"是这首词的结束语。凤池,即凤凰池,本是皇帝禁苑中的池沼。"好景"二字,将如上所写和来不及写的尽数包拢。意谓当达官贵人们被召还之日,会将好景画成图本,献与朝廷,夸示于同僚,谓世间真存如此一人间仙境。以达官贵人的不思离去,

柳永词赏读

125

烘托出西湖之美。

《望海潮》词调始见于《乐章集》，为柳永所创的新声。这首词写的是杭州的富庶与美丽。艺术构思上匠心独运，上片写杭州，下片写西湖，以点带面，明暗交叉，铺叙晓畅，形容得体。其写景之壮伟、声调之激越，与东坡亦相去不远。特别是由数字组成的词组，如"三吴都会"、"十万人家"、"三秋桂子"、"十里荷花"、"千骑拥高牙"等词的运用，或为实写、或为虚指，均带有夸张的语气，形成了柳永式的豪放词风。

# 如 鱼 水

轻霭¹浮水，乱峰倒影，潋滟十里银塘²。绕岸垂杨。红楼朱阁相望。芰荷³香。双双戏、鸂鶒⁴鸳鸯。乍雨过、兰芷汀洲⁵，望中依约似潇湘⁶。

风淡淡，水茫茫。动一片晴光。画舫相将⁷。盈盈红粉清商⁸。紫薇郎⁹。修禊饮¹⁰、且乐仙乡。更归去，遍历鋆坡凤沼¹¹，此景也难忘。

【注释】

1 轻霭：空中飘浮的雾气。

2 潋滟：水光闪动貌。银塘：泛着银色水光的湖泊。

3 芰荷：菱角和荷花。

4 鸂鶒：一种水鸟，又称紫鸳鸯，似鸳鸯而稍大，五彩羽毛而多紫。

5 兰芷：两种香草。汀洲：水中平地。

6 望中：放眼望去。潇湘：潇水、湘水汇合处。

7 画舫：画船，两只船相并为舫。相将：相伴。

8 红粉：胭脂与铅粉，此指画舫中的歌伎。清商：乐曲名。

9 紫薇郎：本作"紫微郎"。唐朝开元年间曾将中书省改为紫微省，故人称中书侍郎为紫微郎。此处指当时与柳永同游者。

10 修禊饮：被禊仪式上的宴饮。被禊为古代习俗，于三月上巳日往水边洗除尘垢，以袯灾求吉，后专于三月三日举行。

11. 銮坡：即金銮坡，指翰林院。

【赏析】

这首词是写给宋代的名臣吕夷简的，当时柳永和吕夷简都在颍州（今安徽阜阳），柳永在这首词中着力描写了颍州当地的美景，间接赞颂了吕夷简的功绩和政治才能。

这是一首优美清雅的写景词。词从赞美颍州西湖的美景写起：天空中飘荡着薄薄的云霓，重重叠叠的山峰倒映在湖水中，宽广的湖面波光粼粼。西湖的岸边长满了杨柳，红楼朱阁掩映其间。到处是菱角的清香，鸳鸯和鸂鶒在荷叶间游去游来，玩耍嬉戏。一场雨过后，汀洲上的兰芷更加青翠幽香，远远望去，仿佛是迷人的潇湘。湖面茫茫一片，细细的风缓缓吹过，天晴了，水面闪动着一轮轮的柔波。面对这仙乡般的美景，又恰逢上巳节的修禊宴饮，我们的中书郎也对此流连忘返。即使你马上就要入朝拜相，迁翰林学士，相信你也难以忘记这美丽的春光。

在词人笔下，颍州西湖的景色一点也不亚于杭州的西湖，这里既有自然美景图，又有社会风情画。词人先是从多种角度描绘了这里的自然风景：首先是阴天"轻霭浮水"，但仍然"潋滟十里银塘"，菱荷飘香，鸳鸯戏水，安静而祥和。雨过天晴的时候更是迷人，岸芷汀兰，风和日丽，恍如潇湘。对于社会风俗的刻画，词人抓住了画船上的歌舞和岸边的修禊宴饮两个场景，写出了此地的和平安乐。自然美景和社会风情，展现了"仙乡"让人流连忘返的无穷魅力。最后两句，虽然是祝愿吕夷简升迁的赞谀之词，但表面上立足于对风景的赞美，这就巧妙地避免了投赠词露骨的毛病。

# 如 鱼 水

帝里疏散[1]，数载酒萦花系[2]，九陌[3]狂游。良景对珍筵恼，佳人自有风流。劝琼瓯[4]。绛唇启、歌发清幽。被举措[5]、艺足才高，在处[6]别得艳姬留。

浮名利，拟拚休[7]。是非莫挂心头。富贵岂由人，时会高志须酬[8]。莫闲愁。共绿蚁[9]、红粉相尤[10]。向绣幄[11]，醉倚芳姿睡。算除此外何处求。

**【注释】**

1　帝里：京城。疏散：懒散、疏放。

2　酒萦花系：沉湎于歌伎醉酒之中。

3　九陌：京中大道，此指京城。

4　琼瓯：玉杯。

5　举措：举止。

6　"在处"句：到处都能得到美丽歌伎的挽留。在处，到处。

7　拚休：抛弃，休却。

8　高志须酬：高远的志向会实现。

9　绿蚁：酒名。

10　红粉：指歌伎。相尤：相伴。

11　绣幄：绣花帐篷，指女子的帏帐。

**【赏析】**

　　这首词抒发了柳永力图忘却浮名利禄而及时行乐的思想。词的上片多方铺叙他在京城中纸醉金迷的放荡生活："数载酒萦花系，九陌狂游。"他几年来流连在烟花柳巷。"良景对珍筵恼，佳人自有风流。劝琼瓯。绛唇启、歌发清幽"，他沉醉在温柔乡里，日日有佳人美酒相伴，似乎这就是他所追求的理想人生。

　　词的下片转入词人对功名利禄的鄙视。"浮名利，拟拚休。是非莫挂心头"，他试图忘记浮名和利禄，甚至放弃是非。因为他看透了人生，他认为主宰人命运的决不是个人的努力，"富贵岂由人，时会高志须酬"，时运到了，远大的理想才能实现。实际上柳永对自己的仕途是没有信心的，对于他来说，什么时候是时来运转的圣明之世呢？他也清楚地意识到这是遥遥无期的。所以他才有了"共绿蚁、红粉相尤。向绣幄，醉倚芳姿睡。算除此外何处求"的看法，及时行乐似乎是他唯一的追求，也是他的牢骚。所谓的借酒消愁和托情红粉也不过是他对人生的艰难和挫折所做出的无奈反抗。

# 玉 蝴 蝶

望处雨收云断，凭阑[1]悄悄，目送秋光。晚景萧疏，堪动宋玉悲凉。水风轻、蘋花[2]渐老，月露冷、梧叶飘黄。遣[3]情伤。故人何在，烟水茫茫。

难忘。文期[4]酒会，几孤[5]风月，屡变星霜[6]。海阔山遥，未知何处是潇湘。念双燕[7]、难凭远信，指暮天、空识归航[8]。黯相望。断鸿声里，立尽斜阳。

## 【注释】

1 凭阑：凭栏远眺。

2 蘋花：生长在江水中的蘋草夏秋间开的小白花。

3 遣：使。

4 文期：文友相约按时相会切磋文章。

5 几孤：多少次辜负了。孤，同"辜"。

6 屡变星霜：即指过了一年又一年。星霜，星指岁星，岁星十二年绕太阳一周，古人以其轨迹确定十二方位，岁星移位则一年。

7 双燕：据《开元天宝遗事》载，绍兰的丈夫任宗在湘中经商，数年没有音讯。绍兰睹梁上双燕，认为燕子自海东来，往返须经过湘中，托为捎信，燕子遂足系家书，直飞至任宗肩上，为传书信。

8 空识归航：看不到归舟。

## 【赏析】

这首《玉蝴蝶》是作者为怀念故人所作。这首词以抒情为主，把写景和叙事、忆旧和怀人、羁旅和离别、时间和空间融会为一个浑然的艺术整体，具有很强的艺术感染力。

"望处雨收云断"，是写即目所见之景，可以看出远处天边风云变幻的痕迹，使清秋之景，显得更加疏朗。"凭阑悄悄"四字，写出了独自倚栏远望时的忧思。这种情怀，又落脚到"目送秋光"上。面对向晚黄昏的萧疏秋景，很自然地会引起悲秋的感慨，想起千古悲秋之祖宋玉来。"晚景萧疏，堪动宋玉悲凉"，紧接上文，概括了这种感受。

宋玉的悲秋情怀和身世感慨，这时都涌向柳永的心头，引起了他的共鸣。他将万千的思绪按捺住，将视线由远及近，选取了最能表现秋天景物特征的东西作精细的描写。"水风轻、蘋花渐老，月露冷、梧叶飘黄"两句，似乎是用特写镜头摄下的一幅很有诗意的画面：秋风轻轻地吹拂着水面，白蘋花渐渐老了，秋天月寒露冷的时节，梧桐叶变黄了，正一叶叶地轻轻飘下。萧疏衰飒的秋夜，自然使人产生凄清沉寂之感。"轻"、"冷"二字，正写出了清秋季节的这种感受。"蘋花渐老"，既是写眼前所见景物，也寄寓着词人寄志江湖、华发渐增的感慨。"梧叶飘黄"的"黄"字用得好，突出了梧叶飘落的形象，渲染了气氛，点缀了秋景，"飘"者有声，"黄"者有色，"飘黄"二字，写得有声有色。作者捕捉了最典型的水风、蘋花、月露、梧叶等秋日景物，用"轻"、"老"、"冷"、"黄"四字烘托，交织成一幅冷清孤寂的秋光景物图，为下文抒情作了充分的铺垫。"遣情伤"一句，由上文的景物描写中来，由景及情，词中是一转折。景物描写之后，词人引出"故人何在，烟水茫茫"两句，既承上启下，又统摄全篇，为全词的主旨。"烟水茫茫"是迷蒙而不可尽见的景色，阔大而浑厚，同时也是因思念故人而产生的茫然感情，这里情与景是交织在一起的。这几句短促凝重，大笔濡染，声情跌宕，苍莽横绝，为全篇之精华。

换头，"难忘"二字唤起回忆，写怀念故人之情，波澜起伏，错落有致。词人回忆起与朋友一起时的"文期酒会"，那赏心乐事，至今难忘。分离之后，已经物换星移、秋光几度，不知有多少良辰美景因无心观赏而白白地过去了。"几孤"、"屡变"，言离别之久，旨在加强别后的怅惘。"海阔山遥"句，又从回忆转到眼前的思念。因不知故人何在，故云"未知何处是潇湘"。

"念双燕、难凭远信，指暮天、空识归航"，写因不能与思念中人相见而产生的无可奈何的心情。眼前双双飞去的燕子是不能向故人传递消息的，以寓与友人欲通音讯、无人可托。盼友人归来，却又一次次地落空，故云"指暮天、空识归航"，思念友人深沉、诚挚的感情表现得娓娓入情。看到天际的归舟，疑是故人归来，但到头来却是一场误会，归舟只是空惹相思，好像嘲弄自己的痴情。一个"空"字，把急盼友人归来的心情写活了。它把思念友人之情推向了高潮和顶

唐宋名家诗词赏读

点。词人这里替对方着想，从对方着笔，从而折射出自己长年羁旅、怅惘不堪的留滞之情。

"黯相望"以下，笔锋转回自身。词人用断鸿的哀鸣，来衬托自己的孤独怅惘，人我双合，妙合无垠，声情凄婉。"立尽斜阳"四字，画出了抒情主人公的形象，他久久地伫立在夕阳残照之中，如呆如痴，感情完全沉浸在回忆与思念之中。"立尽"二字言凭栏伫立之久，念远怀人之深，从而使羁旅不堪之苦言外自现。

柳永这首词层次分明，结构完整，脉络井然，有效地传达了诗人感情的律动。同时修辞上既不雕琢，又不轻率，是俗中有雅，平中见奇，隽永有味，故能雅俗共赏。


## 玉 蝴 蝶

是处小街斜巷，烂游花馆[1]，连醉瑶卮[2]。选得芳容端丽，冠绝吴姬[3]。绛唇轻、笑歌尽雅，莲步[4]稳、举措皆奇。出屏帏。倚风情态[5]，约素腰肢[6]。

当时。绮罗丛里，知名虽久，识面何迟。见了千花万柳[7]，比并[8]不如伊。未同欢、寸心暗许，欲话别、纤手重携。结前期[9]。美人才子，合是相知。

【注释】

1 烂游：纵情寻游。花馆：即妓院。

2 瑶卮：玉制酒杯。

3 冠绝吴姬：在所有吴姬中称冠。吴姬，江浙一带的美女。

4 莲步：能生出莲花的舞步。

5 倚风情态：倚风伫立，情态动人。

6 约素腰肢：腰肢束得苗条。

7 千花万柳：指众多的歌伎。

8 比并：相比。

9 结前期：定下相会的日期。

**【赏析】**

这首词表达了词人对所爱歌伎的思慕。词的上片写道："选得芳容端丽，冠绝吴姬。绛唇轻、笑歌尽雅，莲步稳、举措皆奇。出屏帏。倚风情态，约素腰肢"，词人浓墨重彩多方夸耀了所爱歌伎的美貌和才艺。词的下片表达了词人对这位出众的歌伎相见恨晚的心情。他们"知名虽久"，却"识面何迟"！即使词人年年流连在花街柳巷，"见了千花万柳，比并不如伊"，"未同欢、寸心暗许"可以说是难得的知己。篇末"美人才子，合是相知"，体现了饱受挫折和失意的词人对沦落风尘女子的认同感，他们都是"天涯沦落人"，都渴望在芸芸众生中寻找知音来慰藉那颗受伤的心，在某种程度上，体现了作为封建士人的柳永对封建正统的人生理想的背叛和反抗。


# 玉 蝴 蝶

淡荡素商¹行暮，远空雨歇，平野烟收。满目江山，堪助楚客冥搜²。素光³动、云涛涨晚，紫翠⁴冷、霜巘横秋⁵。景清幽。渚兰香谢⁶，汀树红愁。

良俦⁷。西风吹帽⁸，东篱携酒⁹，共结欢游。浅酌低吟，坐中俱是饮家流。对残晖、登临休叹，赏令节¹⁰、酩酊方酬。且相留。眼前尤物¹¹，盏里¹²忘忧。

**【注释】**

1 淡荡：清淡、空旷。素商：商为五音之一，按传统的五行分类，与秋同属一类，故梁元帝《纂要》云："秋曰素商，亦曰素秋。"

2 "堪助"句：暗示原野空旷无物。楚客，柳永是南方人，故自称楚客；冥搜，放眼四望。

3 素光：秋光。

4 紫翠：远处连成一片的山树。

5 霜巘：蒙霜的山岭。横秋：横于秋色之中。

6 渚兰：水洲上的兰草。

7 良俦：好友。

8 西风吹帽：形容人有如孟嘉落帽不顾的风流品行。

9 东篱携酒：饮酒赏菊。此用陶渊明典。

10 令节：即重阳佳节。

11 尤物：美好的东西，此指酒。

12 盏里：杯里。

【赏析】

这首词写重阳登高时的悲秋之慨，表达了作者力图忘却功名利禄，及时行乐的思想。

词的上片层层铺写了登高时所见的衰飒秋景。深秋的傍晚，"远空雨歇，平野烟收"，对着"满目江山"词人不禁心潮澎湃。江水上涨了，水边的兰蕙渐渐凋谢；山岭上经霜的树木发出冷冷的翠色。看着这空阔而衰飒的满目山河，一种轻寒幽怨的感慨油然而生。秋天，一切都无可挽回地走向衰败和萧条，不仅仅是眼前的"渚兰香谢，汀树红愁"，还有词人那颗脆弱敏感的心灵。

下片，词人力图通过及时行乐来解脱自己的悲秋之慨。"良俦。西风吹帽，东篱携酒，共结欢游"，携友出游，诗酒风流，快乐地去欣赏眼前的景色，似乎只有这样才能消弭自己的悲愁。"对残晖、登临休叹，赏令节、酩酊方酬"，如果说人生的伤痛靠把酒黄昏一醉方休来忘却，这又怎能真正忘却！

# 满 江 红

暮雨初收，长川静、征帆夜落。临岛屿、蓼[1]烟疏淡，苇风[2]萧索。几许渔人飞短艇，尽载灯火归村落。遣行客、当此念回程[3]，伤漂泊。

桐江[4]好，烟漠漠[5]。波似染，山如削。绕严陵滩[6]畔，鹭飞鱼跃。游宦区区成底事[7]，平生况有云泉约[8]。归去来、一曲仲宣[9]吟，从军乐。

【注释】

1 蓼：草本植物，秋季开淡绿或淡红色花。

2 苇风：吹拂蒲苇的风。

3 回程：归乡的路程。

4 桐江：即富春江，在浙江桐庐北。

5 漠漠：弥漫的样子。

6 严陵滩：又名严滩，严陵滩在浙江桐庐南。其旁山下一室，相传为东汉高士严子陵所居之处，因名。严子陵，名光，会稽人，少与东汉光武帝刘秀同游学。刘秀称帝后，他隐居埋名。刘秀派人寻访，征召至京都洛阳，授谏议大夫。严光不受，退隐富春山。

7 区区：微小。底事：何事。

8 云泉约：退隐山林的愿望。云泉，隐士所居之处。

9 仲宣：王粲（177～217），字仲宣，三国魏山阳人，博学多识，文思敏捷，曾作《从军诗》五首赞美军功。

## 【赏析】

在这首词中，柳永首创《满江红》调名，此调全用仄韵，宜抒悲壮情怀。柳永这首词写的就是厌倦仕途、渴望归隐的悲愤之情。

"暮雨初收"几句写雨在夜幕降临时停了，船泊江边，江水是那样澄静，对面岛屿上，水蓼疏淡如烟，阵阵风吹苇丛，带来凉意。"长川"即桐江，富春江的别称。水蓼和芦苇都于秋天开花，可见时间是萧瑟的秋天。雨后的秋夜，更使人感到清冷。"萧索"是风吹芦苇之声。这几句写傍晚泊船情景，以静态描写为主。

至"几许渔人飞短艇"始，词境由静态变为动态，天更加黑下来，渔人们驾着小舟，匆匆回到村落中去。那舟上的点点灯火，闪耀在夜空下，映照在江水中，于黑暗中向前飞行。黑暗中，一切都看不见，唯见灯火闪烁，才知道这是渔舟，"尽载灯火"四字，点出渔舟夜归之神韵。这里的动，反衬出整个环境的静寂，因为只有静寂黑暗中，飞动的灯火才显得特别明显。渔人带着一天的劳动果实回到家中，心情是喜悦的，"飞短艇"的"飞"字就表现出他们的喜悦心情，这又更加反衬出在外漂泊者的孤独和凄苦，很自然地过渡到"遣行客、当此念回程，伤漂泊"二句，"回程"指由原路回去。渔人家庭生活的欢乐，使作者更加感到自己的漂泊之苦，渴望结束这种羁旅行役生活，回去享受家庭生活的乐趣。整个上片分为两段，前半段写景，后半段抒情，情景之间融合无隙，境界浑然。

　　过片几句，句短调促，对仗工整，语意连贯，从烟、波、山着笔，语简意丰，最是传神。写的是词人一早醒来，见船沿桐江再向前行，美丽的景色使忧愁一扫而光；桐江上空腾起一阵浓密的晨雾，江中碧波似染，岸边峰峦如削；船过严陵滩，只见船尾白鹭飞翔，船旁鱼虾跳跃。"鹭飞鱼跃"，亦写江上环境之清幽和生物的自适情趣，从而引发作者对于游宦生活的厌倦情绪。"游宦"二句，情绪一抑，兴起哀叹。"区区"有跋涉辛苦之意，"成底事"就是一事无成。游宦生涯既是如此，自然便兴起归隐于云山泉石之间的意念，况是早有此愿。看到桐江的美丽景色，缅怀古代的严光，这种想法变得更加强烈，所以末尾即以渴望归隐的感叹作结。

　　"从军乐"，即指王粲《从军行》一诗，为压仄韵，故改"行"为"乐"，用以代指作者对漂泊生活的怨恨和怀乡思归的心情。柳永一生，政治上极不得意，只做过县令、盐场监使、屯田员外郎一类的小官，死后由别人出钱埋葬，景况极为凄凉。这"归去来"的悲叹声中，实饱含着无限辛酸。整个下片是回叙白天旅途中之所见并抒发由此而生的感慨。

　　这首词于抑扬有致的节奏中表现出激越的情绪，从泊舟写到当时的心绪，再从忆舟行写到日后的打算，情景兼融，脉络清晰多变，感情愈演愈烈，读来备觉委婉曲折、荡气回肠。可见柳永不愧是一位书写羁旅行役之苦的词中高手。

## 满江红

　　匹马驱驱[1]，摇征辔[2]、溪边谷畔。望斜日西照，渐沉山半。两两栖禽归去急，对人相并声相唤。似笑我、独自向长途，离魂乱。

　　中心[3]事，多伤感。人是宿[4]，前村馆。想鸳衾今夜，共他谁暖。惟有枕前相思泪，背灯弹了依前[5]满。怎忘得、香阁共伊时，嫌更短[6]。

1 驱驱：独自前行貌。

2 征辔：远行者的马缰绳。

3 中心：心中。

4 人是宿：人虽宿。"是"字用如虽然之意。

5 依前：依然。

6 嫌更短：嫌夜短。更，为古时夜间计时单位，一夜为五更。

**【赏析】**

　　这首词写羁旅途中对恋人的思念。词的上片铺写漂泊途中的风景，"匹马驱驱，摇征辔、溪边谷畔"，孤独的游子驱马来到一个空旷的溪谷，"望斜日西照，渐沉山半"，又是一个寂寞的黄昏，这让人怎不伤感！"两两栖禽归去急，对人相并声相唤。似笑我、独自向长途，离魂乱"，眼前偏偏是双宿双飞的鸟儿，它们欢快地归巢，它们轻快的呢喃是在讥笑孤独疲惫的我吗？词人不由得愁肠百结、黯然肠断！

　　词的下片写夜晚独宿山村时对恋人的思念。"想鸳衾今夜，共他谁暖。惟有枕前相思泪，背灯弹了依前满"，这几句写离情非常生动，此时能表达词人相思之苦的除了难以抑制的泪水还能有什么呢？可能山村夜晚的孤独更让他体味到了与恋人相聚时的温馨，"怎忘得、香阁共伊时，嫌更短"，对于温情，只有在失去时才能更体味到它的珍贵吧。

## 洞 仙 歌

　　乘兴，闲泛兰舟[1]，渺渺烟波东去。淑气[2]散幽香，满蕙兰汀渚[3]。绿芜平畹[4]，和风轻暖，曲岸垂杨，隐隐隔、桃花圃。芳树外，闪闪酒旗遥举。

　　羁旅[5]。渐入三吴[6]风景，水村渔市。闲思更远神京[7]，抛掷幽会小欢何处。不堪独倚危樯[8]，凝情西望日边[9]，繁华地、归程阻。空自叹当时，言约无据[10]。伤心最苦。伫立对、碧云将暮。关河[11]远，怎奈向[12]、此时情绪。

【注释】

1 兰舟：兰木所做的船，泛指华美的船。

2 淑气：温和之气。

3 "满蕙兰"句：即满汀渚的蕙兰。汀、渚，皆为河中小洲。

4 绿芜平畹：长满绿草的平原。

5 羁旅：被旅途所羁绊，即滞留途中。

6 三吴：今苏浙一带。

7 神京：首都汴京。

8 危樯：高高的桅杆。

9 日边：即京城。因皇帝如日，故称京城为"日边"或"日下"。

10 言约无据：所立下的誓言都没有定准。此句自责失约。

11 关河：本指函谷关和黄河，此指北方的山河，仍指京城。

12 怎奈向：即怎奈。向，语气助词，无意义。

【赏析】

这首词可能是作者羁旅浙江时所作，抒发了羁旅途中漂泊孤寂的愁苦之情。

词的上片写热闹的春景：闲来无事，心情悠闲，于是乘舟顺水东流，江面上烟波浩森，江水平缓地流淌。迎面扑来春天的气息，阵阵幽香是汀洲上长满的蕙芷。那曲曲折折的岸边是碧绿的杨柳，袅娜的柳丝随风起舞。那红色的一片是桃花源，那里有高高挑起的酒旗随风摇摆，是在招唤我们去喝酒吧！

词的下片写羁旅之愁。为了寻求功名，我这次漂泊到浙江。傍水而建的渔村异常的热闹，处处是繁华的渔市。看到这些，我不由得想起京城的欢乐，为什么我抛弃京城的欢乐来到这里？我不愿倚着桅杆遥望京城，那里有我憧憬的美梦，有我的欢乐。相隔了千山万水，归程遥遥无期。独自徒然地叹息，当时与佳人相聚的约定不知何时才能实现。暮云又笼罩着天边，关河渐行渐远，再也看不到心中的恋人，只能久久伫立在这异乡的船上，任万般苦痛在内心翻滚。

这首词是在漫不经心地欣赏美丽的春景时，羁旅之愁不知不觉地涌上心头。上片春景的热闹，正是为了反衬下片心情的悲凉。正是"乘兴"而去，最终却黯然而归，对比的强烈更表现了感情落差的巨大。

柳永词赏读

137

# 引 驾 行

红尘紫陌[1]，斜阳暮草长安[2]道，是离人、断魂处，迢迢[3]匹马西征。新晴。韶光明媚，轻烟淡薄和气[4]暖，望花村、路隐映[5]，摇鞭时过长亭[6]。愁生。伤凤城仙子[7]，别来千里重行行[8]。又记得临歧[9]，泪眼湿、莲脸盈盈。

消凝[10]。花朝月夕，最苦冷落银屏[11]。想媚容、耿耿无眠，屈指已算回程。相萦[12]。空万般思忆，争如[13]归去睹倾城[14]。向绣帏、深处并枕，说如此牵情[15]。

**【注释】**

1 红尘紫陌：指京城的大道。

2 长安：此指汴京。

3 迢迢：遥远貌。

4 和气：清和之气。

5 路隐映：大路被绿树掩映。

6 长亭：城外路边供人送客或休息的亭子。十里一长亭，五里一短亭。

7 凤城仙子：京城中的女子，指柳永在京城中的情人。

8 重行行：行而又行。《古诗十九首》有句云："行行重行行，与君生别离。"

9 临歧：在路口分别。

10 消凝：销魂凝魄之省写，言感至极。

11 "花朝"二句：犹云每当对花临月，闺中之人因寂寞而苦恼不堪。银屏，镶银的屏风，此指女子的闺阁。

12 相萦：相互萦绕，相互牵挂。

13 争如：怎如。

14 倾城：绝色女子，指心中所思念的情人。

15 说如此牵情：将今天的这般牵挂之情相互诉说。

唐宋名家诗词赏读

**【赏析】**

　　这首《引驾行》是柳永创长调慢词的一个范例。全词共一百二十五字，以平叙为主，层次多变化，注重从不同角度展现主人公的内心世界，对后世创作长调慢词有很大的启发。

　　上片极尽铺叙之能事，先以一组排句对旅途中的客观物景大肆进行铺写涂抹。"红尘紫陌，斜阳暮草"，描绘当时的长安道也是人物所处场景。"韶光明媚，轻烟淡薄"，是写当时的天气氛围。人物登场，"迢迢匹马西征"、"摇鞭时过长亭"，谓主人公正旅行，"离人"、"匹马"、"断魂"、"迢迢"，都带感情色彩，让人觉得主人公的这次旅行并不那么愉快，再与此时此地的大好时光相对照，则更加烘托出这次旅行是多么令人不堪、使人生愁。于是，主人公很自然地兴起对于"凤城仙子"的思忆。"别来千里重行行"说的是漫长的旅行途中，有万千情事可以思忆，但令人难忘的还是即将踏上征途的那一时刻，俩人执手相看，那水盈盈的双眼永远印在脑海中。头一组排句与以下的思忆，布局巧妙，写的是现实景况，铺叙中穿插回忆，已将主人公旅途中的愁思表现得淋漓尽致。

　　下片转换角度，述说对方的相思苦情，并且进一步设想将来相见的情景。"花朝月夕，最苦冷落银屏，"主人公设想离别之后，每逢花朝月夕，她必定分外感到冷落、夜夜无眠，说不定她已经算好了我回归的日程。对方的相思苦情，这是想象中的事，但写得十分逼真，虚实难辨，仿佛她就在自己的眼前。接着，主人公转而想到，这千万般的思忆，不管是我想念她，还是她想念我，全都是虚空的，怎比得上及早返回与她相见，那才是现实的。那时候，"向绣帏、深处并枕，说如此牵情。"我将向她从头细细述说，离别之后，是如何如何地思念着她。幻想中，作者既描绘了她的相思苦情，又写出彼此述说相思的情景，深切而生动。

　　这首词的上片写主人公旅途中忆起"凤城仙子"，实景实情实写；下片描写对方的相思，虚者实写。上下片合起来，说的就是"相思"二字。全词铺叙、言情，有时间的推移，也有场景的变换，所抒之情饱满生动。

柳永词赏读

# 望 远 行

　　长空降瑞[1]，寒风翦[2]，渐渐瑶花[3]初下。乱飘僧舍，密洒歌楼，迤逦[4]渐迷鸳瓦。好是[5]渔人，披得一蓑归去，江上晚来堪画。满长安，高却[6]旗亭酒价。

　　幽雅。乘兴最宜访戴[7]，泛小棹[8]、越溪潇洒[9]。皓鹤夺鲜，白鹇失素[10]，千里广铺寒野。须信幽兰[11]歌断，彤云[12]收尽，别有瑶台琼榭[13]。放一轮明月，交光[14]清夜。

**【注释】**

1 瑞：瑞雪的省称。

2 寒风翦：雪花由寒风剪就。翦，同"剪"。

3 瑶花：即瑶华，玉中之美者称为瑶华，此处指雪花。

4 迤逦：连绵不绝貌。

5 好是：好一个，赞美之辞。

6 "高却"句：由于大雪，人皆聚饮，酒价为之抬高。高却，使之高，抬高。

7 乘兴访戴：典出《世说新语·任诞》王子猷雪夜访戴安道：王子猷住在山阴，一天夜里，他一觉醒来，见大雪纷飞，外面一片洁白，便饮酒吟诗，忽又想起在剡县的戴安道。他兴冲冲地连夜乘船去寻访戴安道。经过一夜到达戴的门前，却没进门，又返回去了。有人问其原因，答曰："吾本乘兴而行，兴尽而返，何必见戴？"

8 小棹：小桨，此指小舟。

9 越溪：剡溪，指戴安道所居处。

10 "皓鹤"二句：相比于大雪，白鹤、白鹇皆黯然失色。皓鹤，白鹤，夺鲜，被夺去鲜艳之色；失素，失去白色。

11 幽兰：春兰，又为古琴曲名。

12 彤云：下雪前密布的阴云。彤云收尽亦是雪停之意。

13 瑶台琼榭：台、榭为雪所覆盖，皆晶莹似玉。

14 交光：月光和雪光交相辉映。

唐宋名家诗词赏读

【赏析】

这是一首咏雪的咏物词,是柳永咏物词的代表作。

下雪了,雪花在天空中飞舞。那是寒风剪出来的一片一片的花朵吗?在寂静的夜里悄无声息地洒落。寺庙和楼阁的屋顶变成了白色。茫茫的江面,远远地飘来一叶扁舟,江边垂钓的渔翁,也披着一蓑白雪归来。长安城中处处白雪皑皑,乘兴赏雪的人挤满了酒楼,酒价飞涨。这么幽雅的天气,最好还是乘着小船冒雪去拜访名士。极目远望,四处一片洁白,白鹤和白鹇洁白的羽毛黯然失色。你应该相信,大雪过后的这个冰清玉洁的世界,应该和天上的瑶台琼树一样美丽。当皎洁的月亮升起的时候,人间就变成了一个玲珑剔透的仙境。

清人周济在《宋四家词选》中说:"柳词总以平叙见长,或发端,或结尾,或换头,以一二语勾勒提掇,有千钧之力。"这首词以"初下"、"渐迷"、"广铺"为纽带,从各个角度为读者展现了一幅幅美丽的雪景,有"长空降瑞图",有"渔人晚归图",有"千里寒野图",有"雪夜访戴图",有"雪月交辉图",虚实相生,曲尽奇妙。

# 八声甘州

对潇潇[1]、暮雨洒江天,一番洗清秋。渐[2]霜风凄紧,关河[3]冷落,残照当楼[4]。是处红衰翠减[5],苒苒物华[6]休。惟有长江水,无语东流。

不忍登高临远[7],望故乡渺邈,归思难收。叹年来踪迹[8],何事苦淹留。想佳人、妆楼颙望[9],误几回、天际识归舟[10]。争知我,倚阑干处,正恁凝愁[11]。

【注释】

1 潇潇:雨急貌。

2 渐:正。

3 关河:山河。

4 残照当楼:夕阳的余晖照在楼上。

5 是处红衰翠减:到处花叶凋零。

6 苒苒：通"冉冉"，渐渐之意。物华：美好的景物。

7 临远：望远。

8 年来踪迹：多年来四处漂泊。

9 妆楼：闺阁。颙望：抬头凝望。

10 天际识归舟：语出谢朓《之宣城出新林浦向板桥》诗："天际识归舟，云中辨江树。"原写小谢背乡离思之慨。此处之意更近于温庭筠《望江南》之"过尽千帆皆不是，斜晖脉脉水悠悠"。

11 凝愁：凝望而发愁。

【赏析】

这首传颂千古的名作融写景、抒情为一体，通过描写羁旅行役之苦，表达了强烈的思归情绪，语浅而情深。是柳永同类作品中艺术成就最高的一首，其中佳句"不减唐人高处"（苏东坡语）。

开头两句写雨后江天，澄澈如洗。一个"对"字，已写出登临纵目、望极天涯的境界。当时，天色已晚，暮雨潇潇，洒遍江天，千里无垠。其中"雨"字、"洒"字和"洗"字，三个上声，循声高诵，定觉素秋清爽，无与伦比。

"渐霜风"以下几句，"渐"字承上句而言，当此清秋复经雨涤，于是时光景物，遂又生一番变化，神态毕备。秋已更深，雨洗暮空，乃觉凉风忽至。一"紧"字，又用上声，气氛声韵写尽悲秋之气。再下一"冷"字，上声，层层逼紧。而"凄紧"、"冷落"，又皆双声叠响，具有很强的艺术感染力，紧接一句"残照当楼"，境界全出。这一句精彩处乃"当楼"二字，似全宇宙悲秋之气一起袭来。"是处红衰翠减，苒苒物华休。"词意由苍莽悲壮而转入细致沉思，由仰观而转至俯察，处处皆是一片凋落之景象。"苒苒"，正与"渐"字相呼应。"休"字寓有无穷的感慨愁恨。"惟有长江水，无语东流"写的是短暂与永恒、变与不变之间令千古词人思索的人生哲理。"无语"二字乃"无情"之意，此句蕴涵百感交集的复杂心理。

下片"不忍"句点明背景是登高临远，云"不忍"，又多一番曲折、多一番情致。至此，词以写景为主，情寓景中。但下片妙处是词人善于推己及人，本是自己登高远眺，却偏想故园之闺中人，她也应是登楼望远，伫盼游子归来。"误几回"三字更觉灵动。结句篇末点题。"倚阑干"与"对"、与"当楼"、与"登高临远"、与"望"、与"叹"、与"想"都相关联、相辉映。词中登高远眺之景，皆为"倚阑"时所见；思归之情又是从"凝愁"中生发；而"争知我"三字化实为虚，使思归之苦、怀人之情表达得更为曲折动人。

这首词章法结构细密，写景抒情融为一体，以铺叙见长。词中思乡怀人之意绪，展衍尽致。而白描手法，再加通俗的语言，将这复杂的意绪表达得明白如话。这样，柳永的《八声甘州》终成为词史上的丰碑。

## 临 江 仙

梦觉[1]小庭院，冷风淅淅，疏雨潇潇。绮窗外，秋声败叶狂飘。心摇[2]。奈[3]寒漏永，孤帏悄，泪烛空烧。无端[4]处，是绣衾鸳枕，闲过清宵。

萧条。牵情系恨[5]，争向年少偏饶[6]。觉新来、憔悴旧日风标[7]。魂消。念欢娱事，烟波阻、后约方遥[8]。还经岁[9]，问怎生禁得[10]，如许无聊[11]。

【注释】

1 梦觉：梦醒。

2 心摇：心绪不宁。

3 奈：无奈。

4 无端：无来由。

5 牵情系恨：为感情和遗憾所缠绕。

6 偏饶：偏偏很多。

7 风标：风韵，标致。

8 后约方遥：犹言相聚之日遥遥无期。

9 经岁：整年。

10 怎生禁得：怎么能受得了。

11 无聊：无奈。

## 【赏析】

这首词写作者独宿异乡时好梦惊醒、终夜无眠的心理活动，直接抒发了对昔日欢娱生活的回忆及对恋人的思念，情感真挚，带有强烈的世俗气息。写景抒情之间，隐隐包含着些许的失意。

词先写梦醒之后的所见所闻。独宿在一个小小的庭院，夜里，冷风吹秋雨淅淅沥沥把我从梦里惊醒，衰败的树叶四处飘扬。紧接着词人又写独守长夜的情景：一个人坐在静静的帷帐中，看着烛台上摇曳的烛光，蜡烛为什么在流泪，难道是在替我垂泪到天明？无缘无故就这样度过了一个清冷的夜，周遭是如此的寂静，这分伤感为什么偏偏萦绕着孤独年少的游子？近来，因为整天百无聊赖，我也日渐憔悴了。以往的快乐一去不返，和她相隔万水千山，什么时候才能重逢？相聚遥遥无期，在这寂寥的天气里该去如何消除这寂寥的情绪！

词人上片写梦醒，究竟梦到了什么，并没有明说，只是细细地刻画肃杀的秋夜。下片由感慨为什么离愁别恨老缠着自己，进而写自己因伤感而憔悴如斯。"念欢娱事，烟波阻、后约方遥"，梦想着早日重逢，苦于相隔太远，最后只能无奈地度过漫漫长夜。词人由现在想到过去，继而又想到将来，一步步地把自己的愁绪写尽。

# 竹 马 子

登孤垒荒凉，危亭[1]旷望，静临烟渚[2]。对雌霓[3]挂雨，雄风拂槛，微收烦暑[4]。渐觉一叶惊秋，残蝉噪晚，素商时序。览景想前欢，指神京，非烟非雾深处。

向此成追感，新愁易积，故人难聚。凭高尽日凝伫[5]。赢得消魂无语。极目霁霭霏微[6]，暝鸦[7]零乱，萧索[8]江城暮。南楼画角[9]，又送残阳去。

## 【注释】

1 危亭：高亭。

2 烟渚：烟雾迷蒙的水中小洲。

3 雌霓：虹的一种。虹双色，色彩鲜艳者为雄，色彩暗淡者为雌。雄曰虹，雌曰霓。

4 烦暑：闷热。

5 凝伫：出神。

6 霁霭：雨晴后的烟雾。霏微：迷蒙的样子。

7 暝鸦：日暮归巢的乌鸦。

8 萧索：失意的样子。

9 画角：古代傍晚，城楼吹角，用来报时。

## 【赏析】

《竹马子》是柳永的自度曲。从意境上讲，这首词属柳永的雅词，其中不只抒发了个人的离愁别恨，而且也是对封建文人命运的凭吊，整体情绪沉郁深远。

"雌霓"、"雄风"两词用得雅致而考究，表现了夏秋之交雨后的特有现象。孤垒危亭之上，江边烟渚之侧，更加能够感到时序变换。孤垒、烟渚、雌霓、雄风，这一组意象构成了雄浑苍凉的艺术意境，词意的发展以"渐觉"两字略作一顿，以"一叶惊秋，残蝉噪晚"进一步点明时序，"素商"即秋令。这里，词人的悲秋情绪逐渐向伤离意绪发展，于是他又"览景想前欢"了。从"前欢"一语来推测，词中所怀念的当是帝都汴京和作者过从甚密的一位歌伎。可是往事已如过眼烟云，帝都汴京遥远难以重到。

上片的结句已开始从写景向抒情过渡，下片便紧接而写"想前欢"的心情。不像柳永其他词里将"想前欢"写得具体形象，而是仅写出目前思念时的痛苦情绪。"新愁易积，故人难聚"，使情感表达得够深度。离别之后，旧情难忘，因离别更添加新愁；又因难聚难忘，新愁愈加容易堆积，以致使人无法排遣。"易"和"难"既是对比关系又是因果关系，这对比与因果就是所谓"成追感"的内容。"尽日凝伫"、"消魂无语"形象地表现了无法排遣离愁的精神状态，也充分流露出对故人诚挚而深刻的思念，并把这种情绪发挥到极致。最后作者巧妙地以黄昏的霁霭、归鸦、角声、残阳的萧索景象来衬托和强化悲苦的离情别绪。特别是结尾"南楼画角，又送残阳去"两句，意味极为深长，把一己羁旅苦愁拓展为人世兴衰的浩叹。

这首词虚实相生，情与景的处理上表现出极高的艺术造诣。上片

柳永词赏读

前九句写景，属实写；后三句写情，属虚写。虚实相生，善于抓住时序变化，描绘了特定环境中的景色，奠定了全词的抒情基调。下片则相反，前五句抒情，属虚写；后五句写景，属实写，以景结情，情景交融。这种交错的布局，不仅使整体结构富于变化，而且更能如实地反映作者思想感情在特定环境中活动变化的过程。全词意脉相承，严谨蕴藉，是一首优秀的长调慢词。

## 小镇西犯

　　水乡初禁火[1]，青春未老[2]。芳菲满、柳汀烟岛。波际红帏[3]缥缈。尽[4]杯盘小。歌袂襭，声声谐楚调[5]。

　　路缭绕。野桥新市里，花农伎好。引游人、竞来喧笑。酩酊谁家年少。信玉山倒[6]。家何处，落日眠芳草。

### 【注释】

1 初禁火：刚刚过了清明。古时在清明前一日开始禁火三日。

2 青春未老：意谓尚未春残。青春，指春天。

3 波际：水边。红帏：红色的帏帐。

4 尽：竟然。

5 楚调：南方民歌。

6 玉山倒：谓醉后倒地。玉山，喻男子之美仪容者。

### 【赏析】

　　这首词写青年男子在清明前后游览的情景，是一首世俗生活的赞歌。词的大意如下：刚刚过了清明，春光还未老去，水乡处处长满了花草，空气中弥漫着淡淡的香气。水边的平地上升起了薄薄的烟雾，依依的杨柳更加绰约多姿。水边摆起了丰盛的筵席，红色的帏帐在远处若隐若现，歌女们唱起了被襭的歌曲，歌声和谐而优美。弯弯曲曲的小路上，处处开满了艳丽的花朵，不论是野外的桥边，还是热闹的集市，到处都能看到美貌的佳人，她们风流袅娜，所经之处，留下了阵阵的笑声。在游人中，不知是谁家的公子喝得酩酊大醉，日落了，他仍然躺在芳草上尽情地酣眠。

这首词的上片重在写清明前后上巳节期间出游和宴饮的场面，再现了北宋时期被褉的都市风情。词的下片写醉卧芳草的少年，是自己当年放荡不羁生活的写照，真实地表现了自己醉心于鲜花、美酒和佳人的感情，带有强烈的世俗气息。

## 迷 神 引

一叶扁舟轻帆卷。暂泊楚江[1]南岸。孤城暮角[2]，引胡笳怨[3]。水茫茫，平沙雁[4]、旋惊散。烟敛寒林簇，画屏展[5]。天际遥山小，黛眉[6]浅。

旧赏[7]轻抛，到此成游宦。觉客程劳[8]，年光晚。异乡风物，忍萧索[9]、当愁眼。帝城赊[10]，秦楼[11]阻，旅魂乱。芳草连空阔，残照满。佳人无消息，断云[12]远。

【注释】

1 楚江：长江中下游一带，因位于古楚国之地，故称为楚江。

2 暮角：黄昏时的号角声。

3 胡笳怨：胡笳为北方少数民族乐器，吹奏时发声悲凉。

4 平沙雁：栖息于平旷沙滩上的大雁。

5 画屏展：指以上的景物如画屏展现在面前。

6 黛眉：青黑色的眉毛，此指远处的山峦。

7 旧赏：往日的赏心乐事。

8 客程劳：旅途疲劳。

9 忍萧索：不忍其萧瑟。

10 赊：远。

11 秦楼：歌馆妓院。

12 断云：孤云。

柳永词赏读

【赏析】

这首《迷神引》是柳永五十岁后宦游各地的心态写照，是一首典型的羁旅行役之词。这首词深刻地反映了柳永的矛盾心理，特别是作为一名不得志的封建文人的苦闷与不满，有一定的思想意义。

词起句写柳永宦游经过楚江，舟人将风帆收卷，靠近江岸，作好停泊准备。"暂泊"表示天色将晚，暂且止宿，明朝又将继续舟行。从起两句来看，词人一起笔便抓住了"帆卷"、"暂泊"的舟行特点，而且约略透露了旅途的劳顿。可见他对这种羁旅生活是很有体验的。继而作者以铺叙的方法对楚江暮景作了富于特征的描写。"孤城暮角，引胡笳怨"描写的是：傍晚的号角声和胡笳声本已悲咽，又是从孤城响起，这只能勾惹起羁旅之人凄黯的情绪，使之愈感旅途的寂寞了。"暮角"与"胡笳"定下的愁怨情调笼罩全词。接着自"水茫茫"始描绘了茫茫江水，平沙惊雁，漠漠寒林，淡淡远山，这样一幅天然优美的屏画也衬托出游子愁怨和寂寞之感。上片对景色层层白描，用形象来表达感受，给人以身临其境之感。

　　下片起两句直接抒发宦游生涯的感慨，接下来将这种感慨层层铺叙。旅途劳顿，风月易逝，年事衰迟，是写行役之苦；"异乡风物"，显得特别萧索，是写旅途的愁闷心情；帝都遥远，秦楼阻隔，前欢难断，意乱神迷，是写伤怀念远的情绪。词人深感"旧赏"与"游宦"难于两全，为了"游宦"而不得不"旧赏轻抛"。按宋代官制，初等地方官要想转为京官是相当困难的，因而词人看来，帝城是遥远难至的。宋代不许朝廷命官到青楼坊曲与歌伎往来，否则会受到同僚的弹劾，于是柳永便与歌伎及旧日生活断绝了关系。故而词人慨叹"帝城赊，秦楼阻"。

　　"芳草连空阔，残照满"是实景，形象地暗示了路远阻隔之意。于抒情中这样突然插入景语，使叙写富于变化而生动多姿。结句"佳人无消息，断云远"，补足了"秦楼阻"之意。"佳人"即"秦楼"中的人，因种种原因断绝了消息，旧情像一片断云随风而逝。从这首词中可以看出作者对仕途的厌倦情绪和对早年放荡生活的向往，内心十分矛盾痛苦。可以说，这首《迷神引》是柳永个人生活的缩影：少年不得志，便客居京都，流连坊曲，以抒激愤；中年入仕却不得重用，又隔断秦楼难温旧梦，心中苦不堪言。苦不堪言却偏要言，这首词上片言"暂泊"之愁，下片道"游宦"之苦。大肆铺叙中见出作者心中真味，可谓技巧娴熟，意蕴隽永。

# 六 幺 令

淡烟残照，摇曳溪光碧。溪边浅桃深杏，迤逦染春色。昨夜扁舟泊处，枕底当滩碛[1]。波声渔笛。惊回[2]好梦，梦里欲归归不得。

展转翻成无寐，因此伤行役。思念多媚多娇，咫尺千山隔。都为深情密爱，不忍轻离拆。好天良夕。鸳帷寂寞，算得[3]也应暗相忆。

【注释】

1 当：正对着。滩碛：布满碎石的河滩。

2 惊回：惊醒。

3 算得：算来。

【赏析】

这是一首羁旅行役之词，主要写词人舟行途中对佳人的思念。词的上片写夕阳西下时水边的春景：夕阳只剩下一抹余晖，碧绿的溪水波光粼粼，水面上弥漫着淡淡的烟雾，岸边浅浅深深的是桃花和杏花，为碧水镶上了一道绚丽的花边。昨夜，扁舟停泊在这里，好不容易进入了梦乡，正梦见自己踏上归途，波浪声和渔笛声把我从梦中惊醒，真让人懊恼。辗转反侧再也睡不着，旅途的困顿与寂寞真让人伤感。千娇百媚的恋人令人魂牵梦系。现在虽然和她相隔不远，但是却不能相见，就像隔着万水千山一样。那如胶似漆的爱情真难以让人割舍，这么美好的春光，她独宿鸳帐，一定也很寂寞。可能她也在暗暗地思念我吧！

这首词的上片描写了无限美好的春光，既清新美好，又娇艳美丽。但是这般美景并没有让他快乐，反而激发了他对漂泊异乡的感慨。夜晚停舟夜宿，美梦却被惊醒，这让他更加想念娇媚的恋人。词以想象中恋人对自己的思念结束，这种写法，不仅表达了他们心心相印的真情，也表明他们无时无刻不在相思。

# 凤 归 云

向¹深秋，雨余爽气肃²西郊。陌上夜阑³，襟袖起凉飙⁴。天末残星，流电⁵未灭，闪闪隔林梢。又是晓鸡声断⁶，阳乌⁷光动，渐分⁸山路迢迢。

驱驱⁹行役，苒苒光阴，蝇头利禄，蜗角功名¹⁰，毕竟成何事，漫相高¹¹。抛掷云泉¹²，狎玩尘土¹³，壮节等闲消¹⁴。幸有五湖¹⁵烟浪，一船风月，会须归去老渔樵¹⁶。

【注释】

1 向：近。

2 爽气：晴朗爽洁之气。 肃：使草木凋零。

3 陌上：路上。夜阑：夜将尽。

4 凉飙：凉风。

5 流电：残星的流光。

6 声断：声音停止。

7 阳乌：太阳。古代神话中认为太阳中有三足金乌，故以乌作为太阳的代称。

8 渐分：渐渐分得清。

9 驱驱：奔波不息貌。

10 蝇头利禄，蜗角功名：利禄如蝇头般微小，功名亦如蜗牛之角微不足道。

11 漫相高：空空相互夸耀。

12 云泉：山水自然，此指隐居的生活。

13 狎玩：接近戏弄。 尘土：指人间，此处指官场。

14 壮节：壮志和节操。等闲消：随便地被消磨。

15 五湖：指范蠡携西施泛游五湖之事。

16 老渔樵：以捕鱼打柴终老一生，此处指隐居生活。

【赏析】

这首词是羁旅行役之作，可能是词人晚年登上仕途以后的作品，表现了他对仕途和功名利禄的厌倦以及遁迹林泉、归隐渔樵的思想。

这首词的大意是：已是深秋时节，一场秋雨使得天气更加清爽，城西郊外秋意萧索。一大早词人就急着赶路，天还没有亮，秋风吹满了衣袖，让人感到阵阵的凉意。天边还有尚未消逝的星星，流光闪闪，隔着树梢洒在词人身上。一会儿，晨鸡停止报晓，太阳升起来了，通向远方的路清晰起来。想起漫漫的路途，这一辈子的奔波只是为了这点蝇头小利？白白消磨的时光，只是为了如蜗角的功名？这又有什么值得夸耀的？抛弃了栖息云海泉霞的隐逸生活，抛弃了志士的节操，来混迹于官场，游戏于人生，这是多么可悲的事情！幸亏现在还可以效仿范蠡，载一船风月，到烟波浩淼的五湖泛舟，过惬意的隐居生活。

词的上片侧重记行写景，"天末残星，流电未灭，闪闪隔林梢"几句，写雨后的夜空，形象真切，如在目前；"晓鸡声断，阳乌光动，渐分山路迢迢"，写黎明以后山行的感受，非常真实，非亲历者不能道。词的下片由行役之苦引发了人生感悟，感慨深沉。上下片写景抒情，层次清晰，过渡自然。

# 玉 山 枕

骤雨新霁。荡[1]原野、清如洗。断霞散彩，残阳倒影，天外云峰[2]，数朵相倚。露荷烟荐[3]满池塘，见次第[4]、几番红翠。当是时、河朔飞觞，避炎蒸，想风流堪继[5]。

晚来高树清风起。动帘幕、生秋气。画楼[6]昼寂，兰堂[7]夜静，舞艳歌姝[8]，渐任罗绮[9]。讼闲时泰[10]足风情，便争奈、雅歌[11]都废。省教成[12]、几阕清歌，尽新声，好尊前重理[13]。

**【注释】**

1 荡：荡涤。

2 云峰：如山峰一样的云彩。

3 露荷：滚动着露珠的荷叶。烟荐：烟雾笼罩的菱角。

4 次第：光景、情形。

5 "河朔飞觞"三句：指为消夏避暑而酣饮。典出曹丕《典论》

柳永词赏读

记载："大驾都许，使光禄大夫刘松北镇袁绍军，与子弟宴饮，常以盛夏三伏之际，昼夜酣饮，极醉，至于无知。云以避一时之暑，故河朔有避暑饮。"

6 画楼：彩绘的楼台。

7 兰堂：芳香高雅的厅堂。

8 舞艳歌姝：指善歌舞的美女。

9 渐任：正穿着。 罗绮：丝绸衣服。

10 讼闲时泰：官司空闲，社会清平。

11 雅歌：指正统的音乐，典雅的乐曲。

12 省教成：曾教过。

13 重理：重新唱起。

【赏析】

这首词写夏日雨后，凉风一扫炎炎的酷暑，让人感到惬意，反映了词人出仕之后度过的一段比较悠闲的生活。

词的上片主要是词人从各个角度生动地描写了夏日雨后的景色，其中有远景，"荡原野、清如洗"，"天外云峰，数朵相倚"；有近景，如"露荷烟芰满池塘"；有空中之景，如"断霞散彩，残阳倒影，天外云峰"；有水面之景，如上文提到的"露荷烟芰满池塘"，这些画面交相辉映，多角度地再现了夏日雨后的风景特征。词的下片从清爽宜人的天气写起，词人尽情地享受着夏末秋初的凉爽和惬意，享受着眼前的美酒、佳人和歌舞所带来的快乐。而且词人还兴致勃勃地为歌宴演绎新声，表现了他的文采风流。柳永在这首词中所表现的淡淡的快乐是他羁旅行役词中非常罕见的。

## 减字木兰花

花心柳眼[1]，郎似游丝[2]常惹绊。慵困谁怜，绣线金针不喜穿。深房密宴[3]，争向[4]好天多聚散。绿锁窗前[5]，几日春愁废管弦[6]。

【注释】

1 花心柳眼：皆为蜂蝶所喜追逐者。这是女主人公用以形容自己受人喜爱。

2 游丝：春日漂浮于空中的柳絮等丝状物，因常牵绊于树梢枝头，所以用来比喻多情的男子。

3 密宴：频繁的宴会，或无外人的宴会。

4 争向：怎向。

5 绿锁窗前：窗前为绿叶所遮蔽，为春天的景象。

6 废管弦：停止歌舞娱乐。

【赏析】

这首词写一个女子对恋人的思念。词的开头先以轻松的笔触展示了一个备受人青睐的女子的形象："花心柳眼，郎似游丝常惹绊。"由于她的迷人，男子们对她像柳絮一样的纠缠。但是，她的心情随着分离而变得百无聊赖，"慵困谁怜，绣线金针不喜穿"，虽然爱美是女孩的天性，但是再漂亮的衣服也引不起她丝毫的兴趣。她回忆着往日的"深房密宴"，但是天下没有不散的筵席，"争向好天多聚散"，聚少散多，人生就是这样多缺憾！任凭窗前风景如画，即使又到了明媚的春天，"几日春愁废管弦"，孤独让她再也难以找寻人生的快乐。

## 木兰花令

有个人人真堪羡[1]，问著佯羞回却面[2]。你若无意向他人，为甚梦中频相见？

不如闻早还却愿[3]，免使牵人[4]虚魂乱。风流肠肚[5]不坚牢，只恐被伊牵惹断。

【注释】

1 人人：亲爱者的昵称。堪羡：值得爱慕。

2 问著：问她时。回却面：转过脸去。却，助词，用在动词之后，相当于"了"、"过"。

3 闻早：趁早。还却愿：还愿，此指答应别人的追求。

4 牵人：牵挂她的人。

5 风流肠肚：风流情怀。

## 【赏析】

这首词写一个男子追求佳人时痛苦焦急、如痴如狂的心理。词的大意如下：这个女孩人见人爱，问她爱不爱我，她把头转过去，佯装不理睬。如果你的心里没有我，为什么你频频到我梦里来？不如早点答应我，免得我魂牵梦系、焦急地等待！难道你让我等到柔肠寸断，你的心儿才向我敞开！

这首词中的男子很单纯，他的爱痴迷而热烈，他分明爱上了这个女孩，所以常常在梦里梦到她，但他却狡辩是因为女孩爱上他，所以频频出现在他的梦中。词的结尾"风流肠肚不坚牢，只恐被伊牵惹断"，竟然有点要挟的语气——假如你不接受我的爱，我会为你憔悴死的！这首词生动活泼，把一个有点油嘴滑舌的男子对爱情急不可耐的心理表现得惟妙惟肖。

# 西  施

苎萝妖艳世难偕[1]，善媚悦君怀[2]。后庭[3]恃宠，尽使绝嫌猜[4]。正恁朝欢暮宴，情未足，早江上兵来[5]。

捧心调态[6]军前死，罗绮旋变尘埃。至今想，怨魂无主尚徘徊。夜夜姑苏城[7]外，当时月，但空照荒台[8]。

## 【注释】

1 苎萝：地名，在浙江诸暨南，相传为西施的出生地。 妖艳：美丽。世难偕：世无双。

2 君怀：君心。

3 后庭：后宫。

4 绝嫌猜：使吴王和其他后妃断绝往来。 嫌猜：所猜疑、嫉妒之人，指其他后妃。

5 江上兵来：指越国从江上进兵攻打吴国。

6 捧心：捧着心口。调态：作态。

7 姑苏城：苏州。

8 荒台：即姑苏台。相传姑苏台是吴王为西施所建。

**【赏析】**

这首词借咏叹西施悲惨的命运，抒发了词人对美的事物逝去的怜惜，包含着深沉的人生感慨。

在词人眼中，西施不是正统文人所斥责的"红颜祸水"，而是一个富有真情的世俗女子，她使尽各种手段"善媚悦君怀"，她只是为了讨得君主的欢心，并没有什么政治目的。她只是一个活生生的世俗的女人。"罗绮旋变尘埃"一句，转写西施之死以及由此而引发的人生感慨。一个"旋"字充满了惋惜之情。"怨魂无主尚徘徊"对其不幸的遭遇更是充满了同情。结尾感慨历史兴亡：昔日豪华的姑苏台，如今早已荒凉，只有当年的那轮明月还高悬在空中，西施的幽魂是否还在月下徘徊，她是否在见证人世的沧桑？这种意味深长的感慨，避免了柳永艳词的浮浅，赋予这首词比较深厚的历史内涵和悲剧色彩。

## 河　传

淮岸，向晚[1]。圆荷向背[2]，芙蓉深浅。仙娥[3]画舸，露渍红芳交乱[4]，难分花与面。

采多渐觉轻船满，呼归伴，急桨[5]烟村远。隐隐棹歌[6]，渐被蒹葭[7]遮断，曲终人不见[8]。

**【注释】**

1　向晚：傍晚。

2　向背：或露出正面，或露出反面。

3　仙娥：仙女，此指采莲女子。

4　露渍：被水珠溅湿。红芳交乱：人面和荷花杂乱交织。

5　急桨：迅速地划动船桨。

6　棹歌：渔歌。

7　蒹葭：芦苇。

8　"曲终"句：钱起《省试湘灵鼓瑟》诗云："曲终人不见，江上数峰青。"

柳永词赏读

**【赏析】**

这首词写作者漫游淮河岸边所看到采莲的场景，展现了水乡欢娱美好的采莲生活。

词的大意是：傍晚，船行在淮河岸边，一阵凉风轻拂着水面的荷叶。密密的荷叶间点缀着深深浅浅的荷花，迎风婆娑，摇曳多姿。美丽的采莲女驾着小船，在莲花中穿梭，她们红润的脸庞和娇艳的荷花一样美丽。渐渐地船上装满了莲，天色已晚，于是她们呼朋引伴，荡起双桨，飞快地驶向炊烟袅袅的村落。她们的身影渐渐远去，暮色苍茫的芦苇中还若有若无地传来她们的歌声。

这首词轻快明丽，主要是因为词人展现了采莲女欢快美好的生活，展示的是一种鲜活动态的美。她们"难分花与面"的美丽容颜，她们"呼归伴，急桨烟村远"的欢快劳动场景，深深吸引了作者。以至"曲终人不见"了，他还若有所失地久久伫立。

这首词的结尾成功地化用了诗句"曲终人不见"，带给人的是扑朔迷离的惆怅。原来一片热闹的劳动场面，瞬间便烟消云散，眼前只有摇曳的荷叶和暮色苍茫中的芦苇，留给词人的是悠悠不尽的情思。


# 郭郎儿近拍

帝里[1]。闲居小曲深坊[2]，庭院沉沉[3]朱户闭。新霁[4]。畏景[5]天气，薰风[6]帘幕无人，永昼[7]厌厌如度岁。

愁悴。枕簟[8]微凉，睡久辗转慵起。砚席[9]尘生，新诗小阕[10]，等闲[11]都尽废。这些儿、寂寞情怀，何事新来常恁地[12]？

**【注释】**

1 帝里：京城。

2 小曲深坊：小街深巷。"坊"当指妓坊，所以词中所咏的主人公应是歌伎。

3 沉沉：深幽无人貌。

4 新霁：雨后初晴。

5 畏景：炎热的夏日景象。

6 薰风：本指温和的春风，此处指夏日景象。

7 永昼：长长的白日。

8 簟：竹席。

9 砚席：放置砚台的书桌。

10 小阕：即小曲，小词。

11 等闲：轻易地，不经意地。

12 "何事"句：为什么近来常常这样？

【赏析】

这首词写一个女子夏日的寂寞情怀。词的上片从"帝里"写起，女主人公虽然身居在繁华的京城之中，但她"闲居小曲深坊，庭院沉沉朱户闭"，远离繁华的她只是为了躲在这个寂寞的角落里体味她无尽的相思。"薰风帘幕无人，永昼厌厌如度岁"，细致刻画了她幽微的内心世界。词的下片写女主人公因为无甚意趣所以性情慵懒，"睡久辗转慵起"，她无心睡眠，更懒得醒来。任凭"砚席尘生，新诗小阕，等闲都尽废"，她无精打采地打发着百无聊赖的生活。"这些儿，寂寞情怀，何事新来常恁地？"她似乎也不明白她的这种寂寞无聊的情绪究竟是为什么。显然，是她的寂寞和青春的闲置使得这个身居在闺阁中女子的生活变得如此苍白！这首词表达了这位女子对自由幸福生活的渴望。

## 木兰花慢

倚危楼[1]伫立，乍萧索、晚晴初。渐素景[2]衰残，风砧韵响[3]，霜树红疏。云衢[4]。见新雁过，奈佳人自别阻音书[5]。空遗悲秋念远[6]，寸肠万恨萦纡。

皇都[7]。暗想欢游[8]，成往事、动欷歔[9]。念对酒当歌[10]，低帏并枕，翻恁轻孤[11]。归途。纵凝望处，但斜阳暮霭满平芜[12]。赢得无言悄悄，凭阑尽日踟蹰[13]。

【注释】

1 危楼：高楼。

柳永词赏读

2 素景：秋景。

3 风砧韵响：风中传来捣衣的声音。砧是捣衣石，古人常于秋日做棉衣，尤其是家中的思妇做衣以寄远，所以砧声在中国古典文学中就成了思念的典型意象。

4 云衢：云中大道，指天空。

5 阻音书：无音讯。

6 念远：怀念远方的情人。

7 皇都：京城。

8 欢游：欢快的游乐。

9 歔欷：叹气抽泣的声音。

10 对酒当歌：对着酒，唱着歌。指当时的游乐生活。

11 翻恁轻孤：轻易地就变成这样的孤独。

12 平芜：长满草树的原野。

13 踟蹰：徘徊，惆怅。

【赏析】

这是词人羁旅途中登高望远之作，词人有感于眼前秋景的萧索，写自己漂泊失意、思念佳人的郁闷心情。

词的上片写秋景的肃杀。先总写秋景"素景衰残"的满目萧索，又从听觉的角度写捣衣之声，然后是映入眼帘的"霜树红疏"，继而是仰视空中的"新雁过"，每一个景物都深深触动他脆弱的愁肠。秋风中阵阵的捣衣声，传达的是佳人的款款深情；新雁南飞，自然会让人想起鸿雁传书，自然又会想到自己与佳人音书断绝。如此层层铺叙，就把自己满腔的愁怨表达得淋漓尽致。

词的下片作者极力渲染了他对昔日京都欢娱生活的回忆。"对酒当歌，低帏并枕"，那是多么的温馨快乐！但是眼前"翻恁轻孤"，只有自己形单影只地度过这漫漫的长夜，两者对比，更突出了今日的凄凉情怀。这满腔的愁怨萦绕心头，眼前斜阳脉脉，遥远的归途在暮霭苍茫中延伸到远方，这苍茫黯淡、绵长无限的暮景，也正是作者低沉悲凉的内心世界的显现。词的结尾"赢得无言悄悄，凭阑尽日踟蹰"，正表现了词人不知所措的迷惘。"尽日"说明他凭栏之久，直到黄昏仍不愿离去，"踟蹰"说明他徘徊不定，不知是留是走。若留，满目的萧索更增加他的愁绪；若走，等待他的又是一个难挨的漫漫长夜。无论怎样，他永远挥之不去的是浓浓的愁！

## 木兰花慢

拆桐花[1]烂熳，乍疏雨[2]、洗清明。正艳杏烧林，缃桃[3]绣野，芳景如屏[4]。倾城[5]，尽寻胜[6]去，骤雕鞍绀幰出郊坰[7]。风暖繁弦脆管[8]，万家竞奏新声。

盈盈[9]，斗草踏青[10]。人艳冶[11]，递逢迎[12]。向路旁往往，遗簪堕珥，珠翠纵横[13]。欢情，对佳丽地，信金罍[14]罄竭玉山倾[15]。拚却明朝永日[16]，画堂一枕春醒[17]。

【注释】

1 拆桐花：桐花绽放。拆，裂开，花开放。

2 乍疏雨：初来的稀疏的春雨。乍，初。

3 缃桃：浅黄色的桃。

4 屏：画屏。

5 倾城：全城的人，即满城的人都出来了。

6 寻胜：探寻美景，即春游。

7 骤：奔驰。雕鞍：华丽的马鞍，指马。绀幰：深青透红的车幔。郊坰：郊野、郊外。

8 繁弦脆管：节奏快捷而清脆的管弦音乐。

9 盈盈：指轻盈美丽的女子。

10 斗草：妇女采集百草以相互拉折，不断者为胜。亦有以之占卜吉凶的。踏青：即到郊外游玩。

11 艳冶：美丽。

12 递逢迎：路上相逢不绝。

13 "向路旁往往"三句：意为游人众多，生活富庶，所以路上有众多的遗失之物。

14 金罍：金质的酒器。

15 玉山倾：喝醉倒下。

柳永词赏读

16 永日：整个白天。

17 春醒：春日醉酒后的朦胧状态，此指睡去。

【赏析】

这首《木兰花慢》以描绘清明的节日风光，从侧面再现了宋真宗、仁宗年间社会升平时期的繁盛场面。清明时节风和日暖，百花盛开，芳草芊绵，人们习惯到郊野去扫墓、踏青。这首词就以北宋江南清明郊游为再现对象，生动地描绘了旖旎春色和当时盛况，是一首典型的"承平气象，形容曲致"之作。

起首几句，兼写清明午雨、群花烂漫，点出春日郊游的特定风物。起笔便异常简洁地点明了时令。紫桐即油桐树，三月初应信风而开紫白色花朵，因先花后叶，故繁花满枝，最能标志郊野清明的到来。一个"拆"字，写尽桐花烂漫的风致。"洗清明"，经过夜来或将晓的一阵疏雨，郊野显得特别晴明清新，点出"清明之明"。作者选择了"艳杏"和"缃桃"等富于艳丽色彩的景物，使用了"烧"和"绣"具有雕饰工巧的动词，以突出春意最浓时景色的鲜妍如画。不过，这首词的重点不在于对动人春色的工笔描绘，所以自"倾城"句始，词进入游春活动的描述。作者善于从宏观来把握整体的游春场面，又能捕捉到一些典型的具象。"倾城，尽寻胜去"是对春游盛况作总的勾勒。人们带着早已准备好的食品，男骑宝马，女坐香车，到郊外去领略大自然的景色，充分享受春天的快乐。"雕鞍"代指马，"绀幰"即天青色的车幔，代指车。结两句，以万家之管弦新声大大地渲染了节日的气氛，词情向欢乐的高潮发展。词的上片，作者用浓墨重彩绘制出一幅生机盎然的清明踏青游乐图。

词的下片着重表现江南女子郊游的欢乐。柳永这位风流才子将注意力集中于艳冶妖娆、珠翠满头的市井歌伎身上。这富于浪漫情调的春天郊野，她们的欢快与放浪，作者看来，为节日增添了浓郁的趣味和色彩，而事实上也如此。"盈盈"以女性的轻盈体态指代妇女，这里兼指众多的妇女。她们拈芳寻胜，玩着传统的斗草游戏。踏青中最活跃的还是那些歌伎舞女们。她们艳冶出众，尽情地享受着春的欢乐和春的赐与。作者以"向路旁往往，遗簪堕珥，珠翠纵横"，衬出当日游人之众，排场之盛，同时也暗示这些游乐人群的主体是豪贵之家。这是全词欢乐情景的高潮。而作者对春之美好和生之欢乐的体验也抒发到了极致。继而词笔变化，作者继以肯定的语气，设想欢乐的人们于佳丽之地饮尽樽里的美酒，陶然大醉，有如玉山之倾倒。词的结尾"拚却明朝永日，画堂一枕春醒"意思是，这些欢乐的人定是拼着明日醉卧画堂，今朝则非尽醉不休。不能把这一句简单地用"醉生梦死"去界定，实际上，柳永这里讴歌的是古代女子在这难得的自由机会和公众场合中所迸发的生命的快乐。

这首《木兰花慢》充分体现了柳词善于铺叙的表现特征。作者依赖调式变化、句式参差，造成了一种急促的节奏和繁密的语势；同时又通过特色景物的点染，大量细节的描写和场面的铺陈，将描写对象加以铺张渲染，为全词带来一种繁复之美。这是两宋时期广为传唱的"欢乐颂"和"春之歌"，体现了柳永创作风格的多样性。


# 临江仙引

渡口向晚[1]，乘瘦马、陟平冈[2]，西郊又送秋光。对暮山[3]横翠，衬残叶飘黄[4]。凭高念远[5]，素景楚天[6]，无处不凄凉。

香闺别来无信息，云愁雨恨[7]难忘。指帝城归路，但烟水茫茫。凝情望断泪眼，尽日[8]独立斜阳。

【注释】

1 向晚：渐晚，近晚。

2 陟平冈：登上平缓的山冈。

3 暮山：暮色中的山峦。

4 飘黄：黄叶飘零。

5 念远：思念远方的人。

6 素景：秋天寂寥的景象。楚天：南方的天空。

7 云愁雨恨：由于男女缠绵而生出的各种情绪。

8 尽日：每天，整日。

【赏析】

这首词写漂泊途中的相思以及对人生的感慨。词的上片层层铺叙了旅途中衰飒的秋景。"渡口向晚，乘瘦马、陟平冈"，写孤独的游子在一个秋天黄昏的渡口，骑着瘦马踽踽而行。他是那么疲惫，那么孤独！"对暮山横翠，衬残叶飘黄。凭高念远，素景楚天，无处不凄凉"，这几句写他看到的秋景和内心的感伤。又是暮色苍茫、残叶飘黄的时节，此时身处何方？今夜的归宿又在何处？四顾茫茫，唯独能感受到的就是处处的凄凉！

词的下片转入词人对恋人和京城的思念。"香闺别来无信息，云愁雨恨难忘"，常年游宦在外，恋人已经音讯全无了。"指帝城归路，但烟水茫茫"，回乡的路是那样遥远，眼前只有茫茫的烟水。"凝情望断泪眼，尽日独立斜阳"，词人久久伫立在夕阳下，回忆着以往温馨的生活，回忆着多年来的四处漂泊。漂泊，隔断了未来和过去，使他成为一个被时间和空间同时剥离的孤独者，只留下一个默默流泪的"独立斜阳"的影子，诉说着人生的无奈和艰难！


## 临江仙引

上国去客[1]。停飞盖[2]、促离筵。长安古道绵绵。见岸花啼露，对堤柳愁烟。物情人意[3]，向此触目，无处不凄然。

醉拥征骖[4]犹伫立，盈盈泪眼相看。况绣帏[5]人静，更山馆[6]春寒。今宵怎向漏永[7]，顿成两处孤眠。

【注释】

1 上国：指汴京。去客：离去的游子。

2 飞盖：即车盖。

3 物情：即指上所言的岸花、堤柳等所表现出的情态。 人意：人的心情。

4 征骖：即言将出发的马。骖，拉车的马。

5 绣帏：女子的闺阁。

6 山馆：行人所住宿之处。

7 漏永：指不眠之夜。

唐宋名家诗词赏读

【赏析】

这首词主要写词人与相知的歌伎离别的情景以及别后的孤寂之情,应为词人离京时所作。

词的上片写春日离别的场景。词人要远行,他与心爱的人饮酒饯别。眼前蜿蜒曲折、伸向远方的是通往长安的漫漫征途,就像是词人渺茫的前途。路边的鲜花滴着露水,像是在为离别的人垂泪;袅娜的柳丝笼罩着烟雾,像是在为离别的人发愁。词人运用移情的手法,给本来明媚的春景蒙上了一层挥之不去的忧伤,使得春天"无处不凄然"。

词的下片侧重写别后的想象。词人已经醉了,他倚着欲行的马,握着佳人的手,泪眼相望。今夜,她将一个人独守绣帐,独自垂泪;而我也将独居山乡的驿馆,坐守春寒。一对恩爱的有情人就这样两处孤眠,真是好不凄惨! 词人所设想的"绣帏人静"、"山馆春寒"、"今宵怎向漏永"等场景,应是他无数次羁旅异乡时的深切感受。这种孤寂的情绪,每每在分别之际就会涌上心头,这就是永远也摆脱不掉的离愁吧!

# 忆 帝 京

薄衾小枕凉天气。乍觉别离滋味。展转数寒更,起了还重睡。毕竟不成眠,一夜长如岁。

也拟待[1]、却回征辔[2]。又争奈[3]、已成行计。万种思量,多方开解[4],只恁寂寞厌厌地。系我一生心,负你千行泪。

【注释】

1 拟待:打算。

2 却回征辔:勒马返回。却回,回转;征辔,上路之马。

3 争奈:怎奈。

4 开解:开脱,排解。

【赏析】

这首《忆帝京》是柳永抒写离别相思的系列词作之一。这首词纯用口语白描来表现男女双方的内心感受,艺术表现手法新颖别致。是柳永同类作品中较有特色的一首。

起句写初秋天气逐渐凉了。"薄衾",是由于天气虽凉却还没有冷;从"小枕"看,词中人此时还拥衾独卧,于是"乍觉别离滋味"。"乍觉",是初觉,刚觉,由于被某种事物触动,一下引起了感情的波澜。接下来作者将"别离滋味"作了具体的描述:"展转数寒更,起了还重睡",空床辗转,夜不能寐。希望睡去,是由于梦中也许还可以解愁。

区区数笔把相思者床头辗转不尽、忽睡忽起、不知如何是好的情状,毫不掩饰地表达出来了。"毕竟不成眠",是对前两句含意的补充,"毕竟"两字有终于、到底、无论如何等意思。接着"一夜长如岁"一句巧妙地化用了《诗径·王风·采葛》中"一日不见,如三岁兮"的句意,但语句更为凝练,感情更为深沉。这几句把"别离滋味"如话家常一样摊现开来,质朴无华的词句里蕴涵着炽烈的热情。

词的下片转而写游子思归,表现了游子理智与感情发生冲突复杂的内心体验。"也拟待、却回征辔",至此可以知道,这位薄衾小枕不成眠的人,离开他所爱的人没有多久,可能是早晨才分手,便为"别离滋味"所苦了。此刻当他无论如何都难遣离情的时候,心里不由得涌起另一个念头:唉,不如掉转马头回去吧。"也拟待",这是万般无奈后的心理活动。可是,"又争奈、已成行计",已经踏上征程,又怎么能再返回原地呢?归又归不得,行又不愿行,结果仍只好"万种思量,多方开解",但出路自然找不到,便只能"寂寞厌厌地",百无聊赖地过下去了。最后两句"系我一生心,负你千行泪"包含着多么沉挚的感情:我对你一生一世也不会忘记,但看来事情只能如此,也只应如此,那么必然是"负你千行泪"了。这一句恰到好处地总结了全词彼此相思的意脉,突出了以"我"为中心的怀人主旨。

# 塞　孤

一声鸡[1]，又报残更歇[2]。秣马巾车[3]催发。草草[4]主人灯下别。山路险，新霜滑。瑶珂响、起栖乌[5]，金镫[6]冷、敲残月。渐西风紧，襟袖凄冽。

遥指白玉京[7]，望断黄金阙[8]。远道何时行彻[9]。算得佳人凝恨切[10]。应念念，归时节。相见了、执柔荑[11]，幽会处、偎香雪[12]。免鸳衾、两恁虚设。

【注释】

1　一声鸡：一声鸡鸣。

2　残更歇：残夜将尽。

3　秣马：喂饱马。秣，马料。巾车：有车衣遮盖的车子。

4　草草：匆匆。

5　瑶珂：系于马络头上的玉饰物，触动则发声。起栖乌：惊飞栖息的乌鸦。

6　金镫：对马镫的美称。

7　白玉京：仙人所居，此处借指京城。

8　黄金阙：原亦指仙人所居之处，此处指宫殿，朝廷。

9　行彻：行完。

10　凝恨切：郁结了深切的悔恨。

11　柔荑：指美人柔软而白嫩的手。

12　香雪：指美肌肤。

【赏析】

这首词写词人羁旅途中的所见、所感。他风餐露宿，披星戴月，每天早晨伴着晨鸡上路，伴残月而行，但是他所感受到的只有失意和寂寞。只有对往日欢乐生活和佳人款款深情的回忆，才能抚慰他那颗疲惫不堪的心。

词的上片铺叙了深秋清晨旅途上的清冷。山路陡峭且滑，新霜冷入骨髓，瑶珂在寂寞的冷风中发出清冷的响声，残月发出漠漠的寒光，再加上冰冷的马鞍和刺骨的寒风，真让人渴望温暖。词的下片写寂寞中想象与佳人相会的快乐。词人遥望眼前漫漫的征途，不觉悲从中来。这条路充满艰辛，不就是自己渺茫的前途吗？此时佳人肯定在日夜牵挂我吧！肯定在掰着手指计算和我重逢的日子！等到相见时，我一定牵着她的手，甜蜜地相偎在一起，再也不分离。像其他的羁旅词一样，柳永也是借想象的温柔乡来慰藉自己寂寞的心灵。

# 瑞鹧鸪

全吴嘉会[1]古风流，渭南[2]往岁忆来游。西子[3]方来、越相[4]功成去，千里沧江一叶舟[5]。

至今无限盈盈者[6]，尽来拾翠[7]芳洲。最是簇簇寒竹，遥认南朝路、晚烟收。三两人家古渡头。

**【注释】**

1 全吴嘉会：指苏州。嘉会，即美好的都会。

2 渭南：渭水之南，指长安一带。

3 西子：西施。

4 越相：范蠡。

5 "千里"句：指范蠡泛舟五湖之事。

6 盈盈者：风姿美好的女子。

7 拾翠：此指春日踏青等游乐活动。

**【赏析】**

这是词人在游赏苏州时，抒发的一种怀古的情绪。词人在简洁清丽的图画中，蕴涵了苍茫的历史感，使得整首词隽永而又丰厚。"全吴嘉会古风流"，写苏州自古为名胜，"西子方来、越相功成去，千里沧江一叶舟"，写范蠡和西施的风流往事，他们携手隐居于五湖，在茫茫的江水上再也找寻不到他们四处漂泊的那一叶扁舟的踪影。"至今无限盈盈者，尽来拾翠芳洲"，即西施的风流往事，现在还让许多的美丽女子流连忘返、无限景慕，但是这永远是可望而不可即的历史往事。如今只剩下晚烟中几簇寒村和渡头边的三两户人家见证着历史的沧桑。

这篇怀古的词作,作者不是在关心历史的得失,而是在瞬间的功业成败和万古长新的景物对比中,感叹宇宙的永恒和人生的短暂,从而抒发沧海桑田、功业不再的悲哀。怀古传达的是一种人生的沉重的感受,体现了一种对待生命的热切而沉重的关怀,"三两人家古渡头"所展示的沧桑和永恒即富有这种生命的意蕴。


# 安 公 子

远岸收残雨。雨残稍觉江天暮。拾翠[1]汀洲人寂静,立双双鸥鹭。望几点、渔灯隐映蒹葭浦[2]。停画桡[3]、两两舟人语。道去程今夜,遥指前村烟树。

游宦成羁旅。短樯[4]吟倚闲凝伫[5]。万水千山迷远近,想乡关何处。自别后、风亭月榭孤欢聚[6]。刚断肠、惹得离情苦。听杜宇声声,劝人不如归去。

【注释】

1 拾翠:指女子游春。

2 蒹葭浦:长满芦苇的河岸。

3 画桡:船桨。

4 短樯:短桅杆。

5 凝伫:伫立凝视。

6 孤欢聚:没有了欢聚。

【赏析】

这是一首典型的游宦思归之作,反映了作者长年落魄、官场失意的萧索情怀。

上片写景,时间是作者搭船到某处去的一个下午。头两句写江天过雨之景,雨快下完了,才觉得江天渐晚。风雨孤舟,因雨不能行驶,旅人蛰居舟中,抑郁无聊。时间、地点、人物都或明或暗地展示了出来。"拾翠"二句,是写即目所见。汀洲之上,有水禽栖息,拾翠佳人,即水边采摘香草的少女已经归去。而以"双双"形容"鸥鹭",更

柳永词赏读

167

觉景中有情，鸥鹭成双，自己则独处孤舟，一对衬，就进一步向读者展开了作者的内心活动。"望几点"句，写由傍晚而转入夜间。渔灯已明，但由于是远望，又隔有兼葭，所以说是"隐映"，是远处所见。"停画桡"句，则是己身所为，近处所闻。"道去程"二句，乃是舟人的语言和动作。"前村烟树"，本属实景，而冠以"遥指"二字，则是虚写。这两句把船家对行程的安排，他们的神情、口吻以及依约隐现的前村，都勾画了出来，用笔极其简练，而又生动、真切。上片由雨而暮、由暮而夜，用顺叙的方法铺写景物，景中有情。

下片"游宦成羁旅"是全词的中心，为上片哀景作注，同时又引出下文，由今夜的去程而念及长年行役之苦。"短樯"七字，正面写出舟中百无聊赖的生活。"万水"两句，从"凝伫"来，因眺望已久，所见则"万水千山"，所思则"乡关何处"。"迷远近"虽指目"迷"，也是心"迷"。"自别后"直接"乡关何处"展开叙说。"风亭"七字，追忆过去，慨叹现在。昔日良辰美景、胜地欢游，今日则短樯独处、离怀渺渺，用一"孤"字将今昔分开，亭榭风月依然，但人却不能欢聚了。"刚断肠"以下，是说离情正苦，归期无定，而杜鹃声声，劝人归去，愈觉不堪。这首词先景后情，情贯全篇，中间以"游宦成羁旅"五个字相连，景为情设，情由景生，结构精美，是一首工巧之作。

# 长 寿 乐

繁红嫩翠[1]。艳阳景[2]，妆点神州[3]明媚。是处[4]楼台，朱门院落，弦管新声腾沸。恣游人、无限驰骤，娇马车如水。竞寻芳选胜[5]，归来向晚[6]，起通衢[7]近远，香尘[8]细细。

太平世。少年时，忍把韶光[9]轻弃。况有红妆[10]，楚腰越艳[11]，一笑千金何啻[12]。向尊前、舞袖飘雪，歌响行云止[13]。愿长绳、且把飞鸟系。任好从容痛饮，谁能惜醉。

【注释】

1 繁红嫩翠：繁花嫩叶。

2 艳阳景：春天明丽的景色。

3　神州：此指京城。

4　是处：到处。

5　寻芳选胜：寻取美丽的景色。

6　向晚：近晚，渐晚。

7　通衢：大道。

8　香尘：春日京城中的尘土。

9　忍：不忍。　韶光：美好的时光。

10　红妆：指青年女子。

11　楚腰越艳：泛指美女。楚腰，细腰的女子；越艳，越国艳丽的女子。

12　何啻：何止。

13　歌响行云止：即歌声响遏行云。

**【赏析】**

这首词写踏春的情景和少年行乐的生活。词中把自然的春光和人生的青春交相阐发，由珍惜春天而发珍惜青春的感慨。词的上片重在写踏青之乐，"繁红嫩翠。艳阳景，妆点神州明媚"，春回大地，景色宜人，明媚的春天给人带来了感官的快乐。"是处楼台，朱门院落，弦管新声腾沸"，写人们在春天的管弦之乐。"恣游人、无限驰骤，娇马车如水。竟寻芳选胜，归来向晚，起通衢近远，香尘细细"，则描写了春游的热闹。春天提醒着人们去尽情地享受青春，享受美好的时光。词的下片转入词人对及时行乐的渴望，"太平世。少年时，忍把韶光轻弃"，词人感受到人生的短暂和青春的易逝，所以萌生了尽情享受青春的念头。接下来词人不惜笔墨，描写了他渴望的享乐生活："况有红妆，楚腰越艳，一笑千金何啻。向尊前、舞袖飘雪，歌响行云止。愿长绳、且把飞鸟系。任好从容痛饮，谁能惜醉。"千金买笑，从容痛饮，流连在温柔之乡，这只不过是对青春易逝恐惧的一种无可奈何的抵御。

柳永词赏读

# 倾　杯

水乡天气，洒兼葭、露结寒生早。客馆更堪秋杪[1]。空阶下、木叶[2]飘零，飒飒声干[3]，狂风乱扫。黯无绪[4]、人静酒初醒，天外征鸿[5]，知送谁家归信，穿云悲叫。

蛩[6]响幽窗，鼠窥寒砚，一点银釭[7]闲照。梦枕频惊，愁衾半拥，万里归心悄悄[8]。往事追思多少。赢得空使方寸挠[9]。断[10]不成眠，此夜厌厌，就中[11]难晓。

【注释】

1 "客馆"句：意为独守客馆之中，哪里还能忍受这暮秋的天气。 秋杪，秋末。杪，意为年末或四季的末尾。

2 木叶：树叶。

3 声干：枯叶落地时干涩的声音。

4 黯无绪：黯然无心绪。

5 征鸿：远飞的大雁。

6 蛩：蟋蟀。

7 银釭：银灯。

8 悄悄：心中忧愁貌。

9 赢得：剩得，落得。 方寸：心中。 挠：骚动。

10 断：断然，决然。

11 就中：黑夜。

【赏析】

这首词写羁旅途中萧疏衰飒的秋景，并抒发了漂泊他乡的客子的孤凄哀怨之情。

词的上片铺叙了萧索的秋景。词人伫立在异乡的河边，正是黄昏时节，芦苇飒飒作响，芦叶上还沾着冷冷的露水。孤独的客馆更是寂寞，庭院里树叶被风吹落又吹起。这样的秋夜真让人黯然无绪。夜静悄悄的，刚刚从酒醉中醒来，远远地传来一两声鸿雁的悲鸣，不知道在这漫长的夜里，它又给谁捎来游子回家的消息。词人在写景时是从时间和空间两方面着手的，从露生时分的傍晚写到夜深人静；从水乡的岸边写到孤馆的庭院，再写到寂寞的室内。虽然选择的都是平常的景物，但由于作者善于即景言情，景物中渗入浓郁的真情实感，在描绘衰飒的秋景时，自然地引入了浓浓的乡愁。

词的下片写孤馆的寂寞。黯淡的灯光下，蟋蟀在窃窃悲鸣，一只觅食的老鼠看着桌上结冰的砚台发愁。本来就很难入睡，何况又屡屡被惊醒。只好抱着被子，回忆往日的甜蜜来慰藉此时的寂寞。词人由现实的苍凉引发了对往事的回忆，他回忆的内容并没有明说，只是用"归心悄悄"来概括，此时他所回忆的并不仅仅是男欢女爱，还有其他的内容，这就超越了柳永其他艳词的轻浮，而感慨深沉了。

## 倾　杯

金风淡荡[1]，渐秋光老、清宵永[2]。小院新晴天气，轻烟乍敛[3]，皓月当轩练净[4]。对千里寒光，念幽期阻、当残景。早是[5]多情多病。那堪细把，旧约前欢重省[6]。

最苦碧云[7]信断，仙乡[8]路杳，归鸿难倩[9]。每高歌、强遣离怀[10]，惨咽、翻成心耿耿[11]。漏残[12]露冷。空赢得、悄悄无言，愁绪终难整。又是立尽、梧桐碎影。

【注释】

1 金风：秋风。　淡荡：涤荡干净。

2 秋光老：言已经进入暮秋时节。　清宵永：清凉的夜间变得长了。

3 敛：收起。

4 当轩：对着窗户。　练净：素静。

5 早是：本来。

6 重省：再次想起。

7 碧云：原指远离的僧人，此处的碧云是柳永自拟。

8 仙乡：指所思之人的居处。

9 倩：请人代劳。

10 强遣离怀：勉强排遣离别的怨愁。

11 翻成心耿耿：心中愈加舍不下。

12 漏残：滴漏将完，即夜将尽之意。

【赏析】

　　这首词写对恋人刻骨的思念。词的上片层层铺写了深秋萧瑟的秋景，特别是清冷的月色。秋风吹拂，皓月皎洁，面对"千里寒光"，"多情多病"的词人"那堪细把，旧约前欢重省"。在这样一个美丽的月夜，孤独的人怎能忍心回忆他与恋人甜蜜温馨的往事！词的下片写与恋人分手后音讯全无，表达了自己的一往深情。"碧云信断"、"仙乡路杳"相聚是遥遥无期。"每高歌、强遣离怀，惨咽、翻成心耿耿。"这些强颜欢笑的行乐反而加重了自己的离愁，只能自己在这漫长的月夜下"悄悄无言，愁绪终难整"，体味着无尽的哀愁。"又是立尽、梧桐碎影"一句，梧桐的碎影中所显示的朦胧、萧瑟和杂乱，都与词的意绪相吻合。而且繁碎中更见其孤寂，伫立直到影消，可见他一夜无眠，这又见词人的执著和深情。此句情景并出，是全词的点睛之笔。

# 倾　杯

　　鹜[1]落霜洲，雁横烟渚[2]，分明画出秋色。暮雨乍歇[3]，小楫夜泊，宿苇村山驿[4]。何人月下临风处，起一声羌笛。离愁万绪，闲岸草、切切蛩吟如织[5]。

　　为忆芳容别后，水遥山远，何计凭鳞翼[6]。想绣阁深沉，争知憔悴损[7]，天涯行客。楚峡云归[8]，高阳[9]人散，寂寞狂踪迹。望京国[10]。空目断[11]、远峰凝碧。

【注释】

1 鹜：野鸭。

2 烟渚：指烟雾笼罩的小洲。

3 乍歇：刚停。

4 苇村山驿：指僻野的村驿。苇、山相对为文，指僻野。

5 蛩吟似织：指密集、急切的蟋蟀叫声。

6 鳞翼：指鱼雁传书。鳞，指鲤鱼；翼，指鸿雁。蔡邕《饮马长城窟行》有："呼儿烹鲤鱼，中有尺素书。"《汉书·苏武传》："教使者谓单于，言天子射上林中，得雁，足有系帛书。"后世将"鱼雁"代指书信。

7 憔悴损：为相思所折磨至憔悴。

8 楚峡云归：谓往日佳人相伴已成过去。此处用宋玉《高唐赋》之典，巫山神女自荐席于楚王，"去而辞曰：'妾在巫山之阳，高丘之阻。旦为朝云，暮为行雨……'"故此峡乃楚地巫山之峡，云乃巫山神女"旦为朝云，暮为行雨"之云。

9 "高阳"句：意为酒友散去。高阳：地名，在今河南杞县西南。《史记·郦生陆贾列传》记载儒生郦食其求见汉高祖时，自称"高阳酒徒"，后以高阳指酒徒。

10 京国：京都。

11 目断：指穷尽视野。

【赏析】

这首词是柳永落第离京后所作，上片写景，下片言情，把离愁别恨与恋情相思一并打入各句各段之中，使全词形成统一的艺术整体。

作者紧紧围绕"宿苇村山驿"这一具体环境，把词笔生发开来，充分描画出客子游人添愁增恨的秋色。"鹜"（野鸭）与"雁"，虽是目之所见，却也象征着词人的漂泊无定，它们至傍晚时分也急匆匆于"霜洲"、"烟渚"等处寻求一个暂时可以栖息的地方。词人乘扁舟飘零，当然也应该歇息了。"暮雨乍歇，小楫夜泊，宿苇村山驿"，似乎刚刚获得一点安定感，然而，那突然传至耳畔的"一声羌笛"中有着无限的离愁，它与岸草间"切切蛩吟"的凄凉声响交织在一起，又怎能不引起游子的万种离愁？身体虽然暂时歇息，心灵却依然飘荡不定。这是长期的羁旅生涯在词人心灵上留下的深深烙印。

下片写词人难以割舍的对恋人的相思之情，这就增加了旅途的愁苦意味。自从与"芳容别后"，"水遥山远"，相见无由，即使是"鳞翼"也无由寄达音信，只有目断远峰，遥遥凝望了。词人的苦恋是仕途失意情绪的转移，居住在"绣阁深沉"的佳人，不知能否获悉、理解"天涯行客"的痛苦憔悴？这一层担心使词人更加形只影单，寂寞难耐。事实上，即使在"红翠"丛中也不一定能寻觅到"知音"。"楚峡云归，高阳人散，寂寞狂踪迹"，暗示着一段旧恋情的了结，也是对上句揣摩佳人心态的回答。那么，对这段旧情的追忆恐怕仍然不能排解词人内心的愁苦，反而只能增添愁绪。痴情"望京国"，所见只有"远峰凝碧"。词人对京城恋恋不舍，这首词显然是写于仕途失意、离开汴京以后。这才是词人羁旅漂泊感产生且不时地汹涌而来的真实原因，也是他借追忆恋情加以遮掩的背后原因。所以，词中情景又不是一般离愁别绪所能完全包括得了的。

## 鹤冲天

黄金榜[1]上，偶失龙头望[2]。明代暂遗贤[3]，如何向[4]？未遂风云[5]便，争不恣狂荡[6]。何须论得丧[7]。才子词人，自是白衣卿相[8]。

烟花巷陌[9]，依约丹青屏障[10]。幸有意中人，堪寻访。且恁偎红倚翠[11]，风流事、平生畅。青春都一饷[12]。忍把浮名，换了浅斟低唱[13]。

**【注释】**

1 黄金榜：科举考试后以黄纸公布中进士者名单，故称为黄金榜。

2 龙头望：中状元的希望。

3 明代：圣明时代。遗贤：遗漏了贤才。

4 如何向：怎么办。

5 风云：指自己的抱负。

6 争不：怎不。恣狂荡：更加放纵自己的行为。

7 得丧：得失，指科举的成败。

8 白衣卿相：穿着平民衣服的宰相，即没有宰相头衔的宰相。柳永以词人和卿相平列，是自高身价的说法。

9 烟花巷陌：花街柳巷，妓院聚集之处。

10 依约：仿佛是。丹青屏障：画屏，此指妓院中自有美景如画。

11 偎红倚翠：依偎着穿红着绿的歌伎。

12 都一饷：只一会儿时间，谓青春短暂。

13 浅斟低唱：饮酒歌唱，指在妓院中的风流生活。

**【赏析】**

这首词是柳永进士科考落第之后的一纸"牢骚言"，真实地表现出一种傲视公卿、轻蔑名利的思想。

词的上片主要写科场落第时的愤慨。"黄金榜上，偶失龙头望"，考科举求功名，他并不满足于登进士第，而是把夺取殿试头名状元作为目标。落榜只认为"偶然"，"明代遗贤"只说是"暂"，由此可见柳永狂傲自负的性格，他相信自己还有风云际会、直上青霄的能力和机会。在整个封建社会，哪怕是所谓"圣明"的历史时期，科举考试也不可能没有营私舞弊、遗漏贤才的通病。"明代暂遗贤"、"未遂风云便"等句，蕴涵着作者自己的无限辛酸和对统治集团的讥讽揶揄，它道出了封建社会中许多失意知识分子的内心感受，获得了广泛的共鸣。但既然已落第，施展抱负的理想落空了，于是他就转向了另一个极端，"争不恣狂荡"，表示要无拘无束地过那种为一般封建士人所不齿的流连坊曲的狂荡生活。

词的下片描写了词人要沉迷于放荡生活，及时行乐的思想。"烟花巷陌，依约丹青屏障。幸有意中人，堪寻访"，当作者落第失意之后，便在"烟花巷陌"之中去"寻访""意中人"。这"意中人"，其实就是作者的知己，亦即"同是天涯沦落人"。这表现出作者身世漂零之感，同时又反映出他对歌伎们的同情。"偎红倚翠"、"浅斟低唱"，是对"狂荡"生活的具体说明。柳永这样写，是恃才负气的表现，也是表示抗争的一种方式。科举落第，使他产生了一种逆反心理，他故意要造成惊世骇俗的效果以保持自己心理上的平衡。柳永的"狂荡"之中仍然有着严肃的一面，狂荡以傲世，严肃以自律，这才是"才子词人"、"白衣卿相"的真面目。柳永把他内心深处的矛盾想法抒写出来，说明落第这件事情给他带来了多么深重的苦恼和多么繁杂的困扰，也说明他为了摆脱这种苦恼和困扰曾经进行了多么痛苦的挣扎。写到最后，柳永得出结论："青春都一饷，忍把浮名，换了浅斟低唱！"青春短暂，怎忍为"浮名"而牺牲赏心乐事。所以，只要快乐就行，"浮名"算不了什么。

这首词表现出的那种蔑视功名、鄙薄卿相的思想为正统文人所不齿，传说作者因此而终生失意，备受压抑排摈。据吴曾《能改斋漫录》载："初，进士柳三变好为淫冶讴歌之曲，传播四方。尝有《鹤冲天》词云：'忍把浮名，换了浅斟低唱'。及皇帝临轩放榜，特落之曰：'且去浅斟低唱，何要浮名！'"由于受到宋仁宗的黜落，柳永便自称"奉旨填词柳三变"，从此长期地流连于坊曲之间，在花柳丛中寻找生活的方向和精神的寄托。

全篇直叙，绝少用典，不仅与民间曲子词极为接近，而且还保留了当时的某些口语方言，如"如何向"、"争不"、"且恁"等。全词写得自然流畅，平白如话，读来琅琅上口。不独在柳词中，即使在北宋词中，这一类作品也是少见的。这种"明白如家常"、"到口即消"的语言，正是词中之本色，是经过提炼而后取得的艺术效果。指斥柳永词过分俚俗浅直，看来，不能不说是一种偏见了。

## 木 兰 花

黄金万缕[1]风牵细。寒食初头[2]春有味。殢烟尤雨索春饶[3]，一日三眠夸得意。

章街隋岸[4]欢游地。高拂楼台低映水。楚王空待学风流，饿损宫腰终不似[5]。

**【注释】**

1 黄金万缕：柳条的新芽是黄色的，故用黄金作比。

2 寒食：寒食节，一般在清明前一两天，此日禁火，故名寒食。初头：之初，开始。

3 殢烟尤雨：轻烟细雨中的柳条。索春饶：为春天增色，饶：增添。

4 章街隋岸：都是以柳树多而著名的游览胜地。章街，指汉代长安的章台街，遍植柳树，繁华热闹，后世多用以指娼家聚居地，唐代韩翃有词名《章台柳》词意双关。隋岸，指隋炀帝开凿的通济渠两岸杨柳拂水，绿影延绵，蔚为景观。

　　5　"楚王"两句：典出《韩非子·二柄》："楚灵王好细腰，而国中多饿人。"此处意为美丽窈窕的女子仍然比不上柳条的婀娜多姿。

【赏析】

　　这是一首咏叹春柳的词，和以往的咏柳词不同，作者以轻快的笔触写出了柳条的美丽和风流的品性，颇有情趣。"黄金万缕风牵细"，写柳条的嫩黄与纤细，代表了寒食节前后春天的意味。"嫩烟尤雨索春饶"，写轻烟细雨中的柳条，为春天增添了诗情画意。古人常以"柳眼"形容初生的柳叶细长柔嫩，如人睡眼初展。"一日三眠"，可能是睡意朦胧的柳眼吧。长满柳树的章街和隋岸都是欢游的胜地，高高的楼台旁边，柳条正在嬉戏着碧绿的春水。"楚王空待学风流，饿损宫腰终不似"，说明美丽窈窕的女子仍然比不上柳条的婀娜多姿，作者用这一典故突出了柳条的风流和窈窕，非常贴切。


# 倾 杯 乐

　　楼锁轻烟[1]，水横斜照[2]，遥山半隐愁碧[3]。片帆岸远，行客路杳，簇[4]一天寒色。楚梅[5]映雪数枝艳，报青春[6]消息。年华梦促[7]，音信断、声远飞鸿南北[8]。

　　算伊别来无绪[9]，翠消红减[10]，双带长抛掷[11]。但泪眼沉迷[12]，看朱成碧[13]。惹闲愁堆积。雨意云情[14]，酒心花态[15]，孤负高阳客[16]。梦难极[17]。和梦也、多时间隔[18]。

【注释】

　　1　楼锁轻烟：犹轻烟锁楼，指楼阁笼罩在春天的轻烟之中。

　　2　斜照：斜阳，夕阳。

　　3　遥山半隐：远山隐约只现出一半的面容。愁碧：山的绿色使人发愁。

　　4　簇：聚集。

　　5　楚梅：南方的梅花。

　　6　青春：春天。

177

7 年华梦促：人生如梦一般的短促。

8 飞鸿南北：鸿雁向南北而飞。

9 伊：她，指所思念的人。无绪：没有心情。

10 翠消红减：原指花叶凋零，此处比喻女子因思念而消瘦。

11 "双带"句：意为不整服饰。双带，指衣带。

12 沉迷：模糊。

13 看朱成碧：把红色看成绿色。

14 雨意云情：男女相爱之情。

15 酒心花态：对酒赏花时的情意。

16 高阳客：酒徒，此为自指。

17 梦难极：梦难尽，指不能将好梦做完。

18 多时间隔：长时间才有一次这样的梦。

**【赏析】**

这首词写羁旅途中对恋人的思念。词的上片描写了初春的景色，铺叙离别的场景。水光渺茫，寒山半绿，一叶孤舟渐行渐远，在浩淼的大江中沉浮。那在雪中开放的梅花，带来了春天的信息。空中掠过的飞鸿，不知你为离别的人传递什么消息。在写景时，柳永还写"楚梅映雪数枝艳，报青春消息"，这是一个非常活泼、富有生命力的意象，但柳永感受到的还是"年华梦促"，显然是珍惜春天、珍惜青春的情感的进一步发展。词的下片写佳人对游子的思念。她"翠消红减，双带长抛掷"，自从分别后就无心打扮。每天为思念恋人"闲愁堆积"，"泪眼沉迷"。字里行间也流露出自己对爱情的担忧和对恋人的愧疚，感情凄婉动人。

## 祭 天 神

忆绣衾相向轻轻语。屏山[1]掩、红蜡长明，金兽盛熏兰炷[2]。何期到此，酒态花情顿孤负[3]。柔肠断、还是黄昏，那更满庭风雨。

听空阶和漏，碎声斗滴愁眉聚。算伊还共谁人[4]，争知此冤苦。念千里烟波，迢迢前约，旧欢慵省[5]，一向无心绪。

1 屏山：屏风。

2 金兽：兽形的香炉。兰烛：点燃的兰香。

3 酒态花情：对酒赏花的情态，指相互爱恋之情。孤负：即辜负。

4 算：推测之词。共谁人：和谁在一起。

5 慵省：懒得记起。

【赏析】

这首词写离别后的相思。词从两情欢悦的往事写起，那时烛光摇曳，香气缭绕，相爱的人如胶似漆，沉浸在浪漫的爱河中。分别后只剩下痛苦的思念缠绕心头，特别是在风雨来临的黄昏，静悄悄的庭院，怎能不让人伤心断肠！"柔肠断、还是黄昏，那更满庭风雨"一句，即景抒情极为精彩，写出了日复一日、日甚一日的相思的无奈，让人回味无穷。

词的下片写漫漫长夜，寂静的庭院传来阵阵的更漏声，不知心爱的人现在和谁在一起。此时真是愁肠千结，分离的路那么遥远，相聚的日子遥遥无期，想到这儿，心里顿觉百无聊赖，连甜蜜的往事也懒得回忆。这首词抒情绵密，意蕴饱满，有很强的感人力量。

# 鹧 鸪 天

吹破残烟[1]入夜风。一轩明月上帘栊[2]。因惊路远人还远，纵得心同寝未同。

情脉脉[3]，意忡忡[4]。碧云归去认无踪。只应曾向前生里，爱把鸳鸯两处笼[5]。

【注释】

1 残烟：残留的雾气。

2 帘栊：挂着帘子的窗户。

3 脉脉：含情深厚的样子。

4 忡忡：忧愁不解的样子。

5 "只应"二句：意为因前生把鸳鸯拆开喂养，故有今生离别的报应。笼，养在笼中。

**【赏析】**

这首词泛咏离情。上片写一轮明月惊醒了梦中人，这可能是位年轻的女子，"因惊路远人还远，纵得心同寝未同"，游子已经踏上了遥远的征途，即使心有灵犀，也不能同床共枕。词的下片将恋人比作来去无踪的云彩。词人将今生的别离，归因于"只应曾向前生里，爱把鸳鸯两处笼"，表达了一种无可奈何的命定的感受，也暗示了对爱情忠贞不渝的态度，表达了甘愿忍受一切磨难的痴情。这首词写景以云和月为主，画面清冷而明丽。

## 梁 州 令

梦觉纱窗晓[1]。残灯掩然空照。因思人事苦萦牵[2]，离愁别恨，无限何时了。

怜深[3]定是心肠小。往往成烦恼。一生惆怅情多少。月不长圆，春色易为老。

**【注释】**

1 晓：拂晓。

2 人事：相思之事。 萦牵：缠绕，纠缠。

3 怜深：爱得深情。

**【赏析】**

这首词泛咏离情。词人认为"月不长圆，春色易为老"，人常常是不如愿的，美丽的青春转瞬即逝。"离愁别恨，无限何时了"，聚少离多是柳永一生的境遇，他一生都在用他那颗敏感的心灵去体验它。"一生惆怅情多少"，柳永一生的行色匆匆，他对青春年华易逝深切的惋惜，至今仍感动着我们。

# 夜半乐

艳阳天气，烟细风暖，芳郊澄朗闲凝伫[1]。渐妆点亭台，参差佳树[2]。舞腰困力[3]，垂杨绿映，浅桃浓李夭夭[4]，嫩红无数。度[5]绮燕、流莺斗双语[6]。

翠娥[7]南陌簇簇，蹙影红阴[8]，缓移娇步。抬粉面、韶容[9]花光相妒。绛绡[10]袖举。云鬟风颤[11]，半遮檀口[12]含羞，背人偷顾[13]。竞斗草、金钗[14]笑争赌。

对此嘉景，顿觉消凝[15]，惹成愁绪。念解佩、轻盈在何处[16]。忍[17]良时、孤负少年等闲度[18]。空望极[19]、回首斜阳暮。叹浪萍风梗[20]知何去。

【注释】

1 芳郊：长满芳草的郊外。 凝伫：伫立凝视。

2 "渐妆点"二句：即"参差佳树，渐妆点亭台"之倒装，意为春树变绿，使亭台增色。

3 舞腰困力：娇弱的舞姿，以此形容迎风摇摆的柳条。

4 夭夭：姣好貌。《诗经·周南·桃夭》："桃之夭夭，灼灼其华。"

5 度：猜度。

6 斗双语：双双相对而语。

7 翠娥：指青年女子。

8 蹙影：身影轻盈。红阴：花丛之中。

9 韶容：美丽的面容。

10 绛绡：红色的丝绸，此指衣服。

11 云鬟风颤：高高的发鬟在风中颤动。

12 檀口：朱唇。

13 偷顾：偷看。

14 金钗：指女子。

15 消凝：心情沉寂。

16 "念解佩"句：言自己与相爱的情人已经分别，相见无期。

柳永词赏读

似天人永隔。典出刘向《列仙传·江妃二女》:"江妃二女者,不知何所人也。出游于江汉之湄,逢郑交甫。(交甫)见而悦之……谓其仆曰:'我欲下请其佩。'……(二女)遂手解佩与交甫。交甫悦受而怀之。趋去数十步,视佩,空怀无佩。顾二女,忽然不见。"佩,身上佩戴的玉饰。

17 忍:不忍。

18 等闲:轻易、随便。

19 望极:极目远望。

20 浪萍风梗:浪中的浮萍,风中的断梗,此以喻自己漂泊不定的身世。

【赏析】

这首词写春日的离情。词的上片写春天五彩斑斓的景色。风和日丽的天气,野外、亭台和参差的树木笼罩在薄薄的烟雾中,绿杨垂下嫩绿的枝条,桃李花开得热闹非凡,燕子飞过,成双成对的流莺在唱着欢快的歌。词人由远及近,从天空到地上,描绘了一个有声有色、活泼热闹的春天的景色。

词的中片主要描写嬉戏的少女的风情。花丛中,绿荫下,缓缓而来的是美丽的少女。她美丽的容貌让娇艳的花朵嫉妒,她高高的发髻微微地颤抖,她欲说还羞,背过身去却又忍不住偷偷地看,她们尽情地游戏。词人把可爱的少女放在明媚的春光中来描写,在她的娇羞和美貌中流露出来的是青春的活力。

词的下片写游子的愁绪。对此良辰美景,而自己却漂泊无依,离情别绪和身世凄凉之感油然而生。在苍茫的暮色里,词人不知道"浪萍风梗"的他又要漂泊到哪里去。有了前两片的铺垫,词人的愁绪表现得更为突出。这首词脉络清晰,极有层次感。

## 迷 神 引

红板桥头秋光暮。淡月映烟方煦[1]。寒溪蘸碧[2],绕垂杨路。重分飞[3],携纤手、泪如雨。波急隋堤[4]远,片帆举。倏忽年华改[5],

向期[6]阻。

时觉春残，渐渐飘花絮。好夕良天长孤负。洞房闲掩，小屏空[7]、无心觑。指归云，仙乡[8]杳、在何处。遥夜香衾暖，算谁与[9]。知他深深约[10]，记得否。

【注释】

1 煦：温润，明亮。

2 寒溪蘸碧：寒冷的溪水如蘸了绿色颜料一样清澈。

3 重分飞：再一次分手。

4 隋堤：隋炀帝开凿的通济渠，两岸遍植杨柳，谓之隋堤。此处泛指杨柳堤岸。故称为隋堤。

5 年华改：换了一个年头。

6 向期：从前约定的归期。

7 小屏空：谓室内无人。小屏，小屏风。

8 仙乡：指情人所居之处。

9 谁与：和谁在一起。

10 深深约：深情的约定。

【赏析】

这首词写旅途中的相思。词的上片描写了暮秋时节的冷寂肃杀的景色，极力渲染分离的场景。在一个暮秋的桥头，月上柳梢，暮霭四起，笼罩着岸边的杨柳。词人与他的恋人握手言别，泪下如雨，滚滚的波浪似乎在催促他早点上路。岁月匆匆，但分别难舍难分的一刹那永远铭记在词人的心里。

词的下片写暮春时节，羁旅他乡的词人对佳人的思念。光阴似箭，不觉已是柳絮飞舞的暮春时节。由于长久的分离，许多美好的时光都白白流逝了。"飘花絮"不仅点明了春天的到来，也蕴涵着青春流逝的悲哀。良辰美景却消解不了缠绕心头的忧愁，房门虚掩百无聊赖，思念的人现在在哪里？她是否还记得忠贞不渝的誓言？结尾几句，词人在表达深切思念的同时，也流露出对爱情难以把握的忧虑，情感甚为真切。

柳永词赏读